동서문학상 수상자모임 동서문학회

동서문학 9

담쟁이연주법 | 김미희 外

몽트

동서문학 담쟁이연주법

초판 발행일 | 2013년 6월 20일

지은이 | 김미희
펴낸이 | 김미희
펴낸곳 | 몽트

출판등록 제300-1991-1호(구:2-1111) 1991.1.5

주소 | 110-809 | 수원시 권선구 당수동 234
전화 | 031-501-2322 팩스 | 031-501-2321
이메일 | memento33@hanmail.net

값13,000원
ISBN 978-89-6989-000-9 03810

동서문학상 수상자모임 동서문학회

동서문학 9

담쟁이연주법

몽트

문학의 진리에 닿다

동서문학회 제9대 회장 김미희

초록이 짙어가고 있습니다. 햇빛을 등진 초록의 그늘이 사뭇 반가운 걸 보면 긴 계절을 알리는 배려인 것도 같습니다. 여름의 시작이 산들거리는 바람에 꽃이 피고 숲이 무성해지고 있습니다. 또 눈에 보이지 않는 바람이 바다를 건너 꽃향기를 전해줍니다. 바람이 지나간 자리에는 초록의 흔적이 남습니다. 사람의 마음도 눈에 보이지 않습니다. 그래도 바람처럼 자유자재로 바다를 건너고 산을 오르며 사람의 마음을 흔들어 줍니다.

인생은 속도가 아니라 방향이다라고 합니다. 지혜로운 사람은 잠시 멈추어 생각할 줄 압니다. 빨리 달리는 것보다 더 중요한 것은 방향입니다. 우리의 궁극적인 목적인 문학에 닿기 위하여 바람처럼 빠르게 부드럽게 글과 글 속을 날아다녔습니다. 글이란 마음을 표현하는 예술입니다. 예술가는 창의적인 방식을 존중하고 그래서 개성이 다양합니다. 문학도 시대의 흐름을 타고 변화라는 새로운 역풍을 맞게 됩니다.

우리는 창의성이 바닥이 나고 열정의 쇠퇴를 근심하기보다는 문학 주변의 환경변화를 탓하기도 합니다. 문학에 열정과 창의성이 있다면 우리를 둘러싼 많은 문제들은 핑계에 불과합니다. 문학에 대한 신성함을 바탕으로 쓰고 또 쓰는 일만이 우리의 자부심이고 가야 할 궁극적인 진리입니다.

삶의향기 동서문학상 수상자들이 전국에서 모인 우리 동서문학회는 18주년을 맞이합니다. 그간 격년마다 만들던 동인지를 해마다 발간합니다. 동서문학으로 변화하고 발전하는 계기가 되고 있습니다.

우리의 다양성을 존중하고 사랑하는 동서식품(주)에 감사드리고 한국을 세계를 대표하는 작가가 되기보다는 각자의 자리에서 최선을 다해 노력하여 문학의 진리에 닿기를 기원합니다.

2013년 초하에

축하드립니다.

동서식품㈜ 대표이사사장 이창환

동서문학 9집 발간을 진심으로 축하드립니다. 1999년에 시작된 동서문학 동인지가 어느덧 아홉 번째 발간을 맞이하였습니다. 동인지 발간을 위해 깊은 애정과 노력으로 수고하신 모든 분들께 진심으로 축하의 말씀을 전하고 싶습니다.

동서문학 9집은 동서문학회 회원들의 문학에 대한 열정으로 탄생하였습니다. 이번 동인지 발간으로 인해 더욱 많은 독자들이 동서문학회 회원분들의 작품을 접하는 계기가 되고, 여성 문학인들의 창작 의욕을 북돋을 수 있는 발판이 되었으면 하는 바램입니다.

본 동인지의 발간은 동서문학회는 물론 동서식품에게도 뜻 깊은 일입니다. 동서문학회와 동서식품은 '삶의향기 동서문학상'을 통해 인연을 맺었습니다. '삶의향기 동서문학상'은 동서식품의 대표적인 문화후원사업으로, 제11회 기준 2만여 편의 응모작이 접수된 국내 최대 규모의 아마추어 여성문학상입니다. 1989년 '동서커피문학상'으로 시작하였으며, 이후 커피라는 한정된 이미지를 탈피하고 문학상으로서의 위상을 강화하고자 2012년 '삶의향기 동서문학상'으로 새로워졌습니다.

앞으로도 동서식품은 '삶의향기 동서문학상'을 통해 여성들에게 문학적 재능을 발휘할 수 있는 기회를 마련하고, 한국 여성문학 발전에 작은 보탬이 되고자 노력하겠습니다.

동서문학 9집 발간을 다시 한번 축하드리며, 그동안 동서문학회의 발전과 성장을 위해 노력해 오신 회원분들의 노고에 감사드립니다.

감사합니다.

동서식품㈜ 대표이사 사장 이 창 환

책을 내며

축하 글

소설

시

수필

동시

동화

소설

느티나무(인물소설/소설가 이호철 편)

구자인혜
jainhea@hanmail.net

그는 아침마다 4km를 걷고 틈틈이 물구나무를 선다. 물구나무를 서면 직립의 육신은 물론 복잡한 사유도 거꾸로 통하면서 단단히 뭉쳐 있던 옹이들이 스스로 길을 낸다. 물구나무를 서면 사르륵 사르륵 모래 떨어지는 소리가 들린다. 모래시계 같은 그 소리에도 중독성이 있는지 그의 귀는 절로 열리고 입가에 미소가 피어난다. 해서 그는 더욱 자주 신체의 모래시계를 뒤집는다.

신체 말단에 붉은 얼음이 날카롭게 박히던 한겨울, 총알이 빗발치는 전선을 뚫고 월남하던 그때부터 외로움과 고단함은 예견되어 있었다. 부두 노동자로 공장 잡부로 후미진 세상을 찾아다니던 구겨진 젊은 날의 우울까지도…….

땅도 거짓말을 하지 않지만 삶도 거짓말을 못한다. 혈혈단신으로 우주에 내던져져 두려움으로 혹은 고독으로 수확한 알갱이들은 그만의 지문이었다.

떠나온 고향은 그리움이며 빚이다. 갚을 수 없는 빚은 잊어버리게 되어 있다. 그는 하루살이의 절박함으로 인해 그리운 만큼 잊혀지는 고향이 두려웠다. 두려워서 끄집어낸 고향이다. 사람의 허리만 허리인가. 나라의 허리도 허리다. 그는 끊어진 하체에서 상체를 이야기했다. 기억은 기억을 물고 온다. 그의 기억과 현재는 뫼비우스의 띠처럼 물고 물리며 분단이 준 아픔을 상기시켰다.

첫 소설 '탈향'을 발표하고 받은 원고료로 그는 느티나무 묘목을 샀다. 느티나무가 외롭지 않게 소나무와 물푸레나무 묘목도 함께 샀다. 고향집 뒷산에 빽빽하던 갈참나무 묘목도 몇 그루 더 샀다. 느티나무는 저 혼자 잘 자랐다. 나무는 숲을 이루며 자연스레 주변에 스며들었다. 나무는 무리를 이룰 때도 보기 좋지만 홀로 우뚝할 때 더 번듯하다. 작업실 앞에 따로 심어놓은 느티나무는 우뚝하면서도 넉넉하게 사방에 손을 뻗었다. 그는 자신이 느티나무를 닮아 가는지 느티나무가 자신을 닮는지 알 수 없었다.

그는 살아온 만큼, 경험한 만큼 글을 썼다. 상징과 비유도 마찬가지였다. 그가 표현하는 단어는 긍정과 부정의 중간, 풍요와 척박함의 중간적 뉘앙스를 풍겼다. 남과 북 어느 쪽에도 치우치지 않은 시선을 가진 그는 남쪽의 분열과 북쪽의 폭력을 풍자와 야유로 자유롭게 표현했다.

그의 화두는 언제나 '분단'이다. 젊은 시절부터 턱수염이 더부룩한 오늘날까지 두고 온 고향과 떨어져서 보는 고향에 집중되어 있다. 그의 고향은 이제 본질적으로 많은 거리가 생겼지만 여전히 파내고 헤집고 들여다보는 그에게 누군가 물었다.

"이호철 선생님, 선생님은 고향이 원산이니 북한에 대한 생각이 남다를 수 있겠지요. 하지만 남한 경제가 이렇게 어려운데 북한을 받아들이는 건 시기상조 아닐까요?"

"물론 지금은 어렵지. 하지만 누군가 돌다리를 놓아야 하잖겠어. 그것이 작가가 하는 일이지. 시류에 혹하지 않고 담담하게 시간을 감당해내는 작품들, 감당해낼 뿐만이 아니라 새록새록

빛을 발하는 작품을 써야지. 그러려면 멀리 봐야하는 것이 작가이지. 결국 남는 것은 진솔한 작품들인 거야.”

북한에서 내려온 탈북자가 2만 3천 명이 넘는 시점에서 북한의 현실을 누구보다 잘 알고 있는 그이기에 누군가 나서서 고향을 껴안아야 한다면 그 일을 하겠다고 담담히 말한다. 해 를 향한 나무의 향일성처럼 변함없는 그의 고향앓이는 이제 우리나라를 벗어나 일본에서 미국으로 나아가 유럽으로 확장되고 있다. 누구보다 폭넓은 독자층을 가졌기에 유럽까지 사인회를 다니느라 그야말로 동분서주한다.

‘느티나무 숲’에서 만난 그는 팔십 대 청춘이다. 번뜩이는 안광에 찔린 것 같다. 상대를 안온하게 감싸는 편안한 목소리에 대비되는 눈빛이다. 분단과 체제를 넘어서고, 남녘과 북녘을 건너뛰어 더 넓고 깊은 세계에 든 듯 알 수 없는 차원의 눈빛에 영광이 올 날은 언제일까.

젠장할 우라질 (인물소설/영화배우 한석규 편)

전이영
teras365@hanmail.net

세상은 말이 많다. 그래서 그 말의 형상을 좇아 볼 것도 많다. 나는 배우다. 그래서 나는 내 캐릭터를 통해 말 많은 세상에 볼 것을 제공한다. 설정, 구상, 시간과 공간의 무대를 통해 나는 사람들이 원하는 형상이 된다. 나는 그것을 '연기 한다'고 한다. 나는 배우니까.

오늘 예전의 버릇이 튀어나왔다. 대본을 받아 쥔 순간부터 내 몸은 어김없이 몸이 기억해내는 습관을 끄집어낸다. 그리고 나만 아는 그 반응, 온 몸의 내가 부르르 떨고 있다. 또 다른 나를 만나게 되는 호기심과 그 이면의 우울, 고통과 쾌감이 동시에 일어나는 반응이다. 이번에는 그 떨림이 매우 강렬했다. 욕심나는 대본일수록 강도가 쌔진다.

사실 내 연기는 수상경력이 말해주고 있다. 하지만 내 자신은 항상 반문한다. 눈치 빠른 사람들은 느꼈겠지만 배우 한석규의 역은 크게 두 가지부류를 넘지 못하고 있다. <넘버3>, <초록물고기>, <서울의 달> 부류와 <접속>, <8월의 크리스마스> 정도. 밑바닥 층의 깡패도 되지 못한 양아치류와 안경을 낀 내 이미지와 목소리가 떠오르게 만드는 소외된 지식인 층. 그리고 이것저것 짜깁기 된(사실 최근까지의 내 캐릭터이다)<쉬리>, <주홍글씨>, <이중간첩>, <텔미썸딩>, <구타유발자들>, <백야행

>……. 그러고 보니 모두 형사역이다. 젊고 지적인 첩보원, 간첩, 이중스파이, 경찰, 연륜이 지긋한 중년의 형사. 그래서 그렇게 느껴졌을 뿐인가?

그러나 이번은 달랐다. 그 떨림이 크게 나를 흔들고 있다. 울렁증을 해소라도 하듯 VCR을 켠다. 나는 연기 시작 전에 꼭 만나는 사람이 있다. 몇 해 전부터 그랬다. 누구일까? 몸은 나인데 내가 아닌 또 다른 나, 이질감이 스멀거린다. 속이 울렁거린다. 누가 들어온 것일까. 내 속의 캐릭터와 나의 거부반응, 일종의 명현현상이다. 그러나 울렁증보다 더한 반응은 반동으로 생긴 우울증이다. 심각한 상태인 것 같다. 이 우울은 내 성격에 좋지 않다. 나는 소심한 편이고 편집증까지 있다. 그렇다고 정체성을 지키려는 나와 캐릭터의 충돌을 감당 못한 적은 한 번도 없었지만.

익숙한 목소리, 혀를 날름거리며 말하던 그만의 어투……. <베트맨, 다크나이트>였다. 그렇다. 히스레저(Heath cliff Andrew Ledger)이다. 그는 죽었지 않은가. 단지 내 집의 와이드스크린에서만 사는 것은 아니었나. 나는 도리질을 하며 받아들인다. 나는 조커의 분장 뒤에 숨겨진 잘생긴 청년, 미소가 아름다운 그를 끄집어낸다. 그와 나의 연기를 의도적으로 대립시키지 않으려 했던 나처럼 내 속의 캐릭터들이 그를 몹시 질투한다. 그러나 그는 현실의 자신과 캐릭터와의 충돌을 이겨내지 못했다. 그것이 약물사고까지 이어지지 않았는가. 그가 나만한 경력이 있었더라면……. 나는 그가 출연한 몇 편의 영화를 본적 있다. <기사 윌리암스>에서 중세의 기사인 그. <브로크백 마운틴>에서의 게이인 그. <내가 너를 사랑할 수 없는 10가지 이유>의 하이

틴이었던 그.

<브로크백 마운틴>을 보고 그에게서 어떤 기운을 느꼈다. 아마 그때부터 그를 유심히 보았던 것 같다. 그는 캐릭터 속의 그를 사랑했다. 그리고 그를 둘러 싼 기운은 사랑으로 충만했다. 그리고 그는 결혼했다. 그것은 <기사 윌리암스>의 '윌리암스'의 이름 덕도 있었겠지만 사랑의 기운이 원인이었던 것을 그 자신은 몰랐을 것이다. 어쩌면 캐릭터를 벗어나지 못한 상태에서 미셸 윌리암스를 사랑한다고 착각했는지도. 연기가 끝나면 연기자 한석규는 있지만 한석규가 그 캐릭터가 될 수는 없는 것이다. 그러나 그는 조커였고 조커는 히스레저가 됐다. 죽었음에도 그는 완전한 조커로 기억된다. 기억하는 것은 남겨진 사람들의 몫이다. 나는 그보다 강해야 했다. 그래야 그를 지우고 연기에 몰입할 수 있다.

나는 겉으로는 태연한 척, 진짜 연기를 하고 있지만 나는 나를 쥐어뜯고 있었다. 때마침 촬영지를 지나치는 곽경택 감독이 내 우울을 지청구한다.

"내면파는 연기스타일에 있어 우울증이 있어요." 그는 나를 얼마나 파악한 것일까. 나는 떠오르는 히스레저의 망각을 지우고 답했다.

"내면파는 연기스타일에 있어 스트레스가 있을 뿐이에요." 나도 모르게 튀어나온 솔직한 말. 그 말은 곧 세상으로 나돌게 되겠지.

<쉬리>이후 점차 떨어지는 관객 수만큼 세상의 편견도 많아

졌다. 어쨌든 보고 싶은 것만 보는 사람들의 습성쯤이야 익숙해졌다. 이제 내 몸의 이 떨림에 몸을 맡기려 단전에서부터 숨을 끌어낸다.

사람은 처음에는 단전으로 숨을 쉬었다고 했다. 화학물질, 스트레스, 습관들로부터 그 숨은 차츰 위로 올라와 목에까지, 그래서 숨이 다하면 목숨이 다했다고. 그 인생이 끝이라고 했던가. 연기를 시작하기 전 나는 가부좌를 하고 나와 내 캐릭터와 대면하기로 한다.

스타일리스트가 땀으로 번진 파운데이션을 스펀지로 눌러준다. 제법 인연이 질긴 친절한 PD가 갖다 준 커피를 마저 홀짝인다.

–– 권력은 참혹하지만, 하지만 소자는 다르지요.

방금 세종 역을 한 송중기의 대사가 어눌했지만 아무도 눈치채지 못했다. 어눌한 어투 또한 이방원 앞에서 나약했던 아들의 캐릭터와 맞아 떨어지긴 한다. 감독이 내 시선을 느끼는지 내 쪽을 본다. 하지만 이내 내가 시선을 거둔다. 내가 눈에 힘을 줬더라면 감독이 송중기의 대사를 다시 가게 했을까. 아마도.

–– 꼴이 그게 뭔가?

세종 원년 역의 배우와 지금의 세종인 나의 대화이다. 그러니까 내 자신과 선문답하며 자아를 드러내는 역이다.

–– 무릇, 권력에는 독이 있어. 뽑지 않으면 이렇게 안으로 숨는 것이다. 그래서 권력을 안으로 감추겠다고? 오직 문(文)으로 치세를 하겠다고?

그리고 나의 히스테릭하고 자조적인 웃음. 괜찮았다. 온 몸이 찌릿했으니까.

—— 내가 아니라 네가 죽인 것이다.

나는 핏발선 눈으로 또 다른 세종역의 중기를 노려본다. 내게 멱살 잡힌 그에게서 범상치 않은 기운이 전해온다.

—— 이방원이 왜 이방원인가. 이도가 왜 이도인가? 그것밖에 되지 않는 이도인 게지.

꽃미남인 송중기. 이 드라마 전에 한 번 출연한 <성균관스캔들>로 확 떴다. 더군다나 제법 연기 잘한다는 소리까지 듣고 있다. 배역을 잘 받은 것도 제 운이고 실력이다. 배우로서는 외모까지 실력이 될 수 있다는 말이다. 그래서 지금 내 역의 초반부를 연기하고 있다. 과거의 나, 자아의 나를 드러내는 중기의 대사가 내 가슴을 찌른다. 뭔가 다르다. 좀 전의 그것도 의도적인 연기? 그는 마치 캐릭터가 아닌 내게 반문하는 것 같다. '연기밖에 되지 않는 한석규인 게지'. 사석에서는 나를 대선배님으로 어렵게만 대하던 그가 아니다. 고단한 훈련을 한 것일까. 물론 타고난 천재란 없다. 특히 배우에게서 연기란 그렇다. 사실 나 때에는 그리 많이 배운 배우는 별로 없다. 이렇게 얘기하자면 돌 맞을 일이라 나 또한 표현하지 못한다. 요즘 배우들은 공부도 많이 한다. 그러나 비디오가 좋은 것이 더 빠르다. 저 중기처럼 캐릭터와 얼굴이 맞아 떨어지는 운까지 따라준다면 금세 스타가 된다. 그러나 오늘의 중기는 내가 외모를 중요시하지 않는 이유를 무색하게 연기까지 완벽하게 소화하고 있지 않은가.

—— 아악. 그만 괴롭혀. 나 좀 내버려 둬.

아. 뭔가? 고독을 하소연하는 독백을 이렇게 넣어야 하나?

씁쓸하다. 하지만 혼자 있을 때의 세종은 세종도 아니고 고뇌하는 한 인간일 뿐. 다양한 스펙을 가지자면 몸이 꼬이는 이런 연기도 필요하다. 모두들 숙연하다. 선배들까지 내 연기에 몰두하고 있다.

쉬는 시간, 경회루 쪽으로 펜들이 몰려온다. 내 얼굴에서는 쭈뼛거리는 미소가 배어나온다. 그러나 그야말로 아뿔싸!이다. 중기의 팬들이다. 이 고독함, 낭패감……. 씁쓸한 기분은 회복되지 않는다. 백 선배나 이 선배도 그럴지 모르겠다. 내가 갖는 이 기분 말이다.

나는 매서운 시선에 가슴이 아려온다. 이방원 역의 선배가 나를 쏘아보고 있다. 마치 조금 전 신(Scene)에서 내가 중기의 멱살을 잡았던 것처럼 선배도 나를 옥조이고 있다. 연기로서 대선배이며 이만한 포스를 갖춘 배우는 드물다. 물론 연기 잘하는 선배는 많지만 선배가 연기하면 그 캐릭터가 원래부터 그랬을 것 같은 자신만의 스타일을 만들었다. 자기 아우라가 분명한 사람이다. 그러나 거기까지다. 미친 듯이 연기하지 않으면 백 선배처럼 중용의 길이 된다. 안정된 연기, 안정된 배우, 안정된 위치. 하지만 백 선배도 오늘은 다르다. 내 속의 이와 대적할 만한 상대가 되기 위한 방편이 본능적으로 생긴 걸까. 선배의 눈매가 매섭다.

"컷!"

6회째 세종 역을 마쳤다. 나는 안도의 한숨을 쉬었다. 사실 백 선배 보다 이방원의 캐릭터에서 헤어 나오기 힘들었다. 배우들이 연기가 끝났더라도 감정수습이 끝날 때까지 기다려 주는 묵언의 룰이 있다. 감정이 격해 평상으로 돌아오는 데 걸리는 시간이다. 내게서는 캐릭터를 누르고 나로 돌아오는 시간이다. '수고했어.' 눈매의 힘은 빠졌으나 분장 때문인지 백 선배의 눈은 말과 달리 나를 계속 노려보고 있다. 나는 이방원을 의식했다. 그가 분장실로 들어가는 것을 보고나서야 다리에 힘이 빠진다.

"한석규 씨, 장소도 같고 마침 배우도 있는데 7회째 한 컷만 마저 가지?"

좀체 하지 않는 권유지만 많은 후배들이 나를 보고 있다. 어쩌면 내가 백 선배를 의식하듯 후배들의 텔레파시가 나를 향해 있다는 것을 감지한다.

나는 호흡을 고르고 조연출의 지시대로 앉는다.

-- 누구도 믿을 수 없다면 내 어찌 경을 믿을 수 있단 말이오? 그렇다면 내 선친께서는 대감을 믿은 줄 아시오? 하하. 법과 윤령을 만든 이유를 아오? 사람을 믿지 못해 그러오.

-- 의심하고 헤아리고 가늠하셔야 할 겁니다. 전하. 궁에는 벽에도 귀가 있다하지 않습니까?

"그럼 선배는 벽을 믿습니까?"

모두들 파하고 웃는다.

잘해왔다. 이젠 마무리다. 내 속에 있는 이놈을 끌어내야 한다.

-- 사람을 믿으니 죽이라 하는구나. 이래저래 왕이란 사람을 죽이는 자리였나 보다. 내가 가장 사람을 죽이고 싶었던 그때가 언제인지 아느냐? 내 자신을 믿을 수 없을 때, 지금이 그렇구나.

구토증이 난다. 아직 아닌데 내 속의 그가 반응한다. 중기, 백 선배, 이 선배 속의 그들이 내 속의 나를 끌어내려 한다. 아. 그들도 연기하고 있었구나.

—— 떠나라.

나는 소이 역의 신세경인지 강세윤 역의 장혁인지 내 속의 그인지 모를 대상에게 소리치고 있다.

박수소리가 들려온다. 모두의 시선이 나를 향해 있다. 조말생 역의 이 선배가 사람 좋게 웃는다. 도승지를 거쳐 종1품 문관의 관등인 이재용 선배는 백윤식 선배 아니 이방원의 심복이다. 아마 분장을 지우고 백 선배와 동행할 것이다.

"왜 그리 심각해?"

언제 곁에 있었는지 백 선배가 내 이마의 땀을 눌러주며 묻는다. 마치 머리를 심하게 맞은 것만 같다. 아, 그 소리는 고뇌의 표정을 한 찢어진 입술에서 나온 대사가 아닌가. 그럼 내 속의 조커는 내가 아닌 그에게 간 것인가? 아니 처음부터 내 속의 나는 나일뿐인가. 그렇다면 연기한 것은 진정한 나였고 나는 타고난 배우였던가. 나는 이번에는 다른 흥분으로 몸이 떨렸다. 그러나 또다시 내 몸이 반동한다.

"지랄!" 아, 그는 이도, 세종대왕이다. 그렇다면 내 속의 나는 진정 캐릭터와 하나가 된 것인가. 캐릭터의 명현현상인지 모를 대사가 자꾸 반동으로 튀어나온다.

—— 이런 젠장할, 우라질!

세종이 내속에 살아있다. 그의 욕이 말이 된다. 말 많은 세상의 말도 그의 바람대로 글이 되고 있다.

메멘토

김미희
1118kmh@hanmail.net

에질 비젠은 비행기가 착륙한다는 안내 멘트에 잠에서 깨어났다. 그는 안전벨트를 확인하고 두리번거리며 창밖을 내다봤다. 창밖은 비가 내리는지 잿빛 수의 같은 안개가 자욱하게 깔려 있었다. 한순간 비행기는 비행장 활주로 위에 앉았다. 그는 주위를 두리번거리다 생각에 빠져 들었다. 비행기가 한국에 도착하는데도 기억은 돌아오지 않았다. 에질 비젠은 9월 4일 오전에 노르웨이 오슬로를 출발하여 암스테르담에서 한국행 비행기를 탔다. 그는 카운트다운을 기다리는 우주선 탑승객처럼 한국 도착시간을 초조하게 기다렸다. 10시간이 넘는 시간 동안 신경을 곤두세우고 있었다. 비젠은 한국에 다 와 가는 시점에서 깜빡 잠이 든 것이 몹시 아까웠다. 상공에서 모국의 모습을 똑똑히 보고 싶었다. 그러면 기억이 돌아올 것 같았기 때문이다. 그는 처음으로 승무원에게 말을 걸었다.

"비행기가 착륙하는 곳은 서울이 아닙니까?"

"한국에는 처음 오시나 봅니다. 이곳은 영종도라는 섬입니다. 서울로 가는 도로가 연결되어 있습니다. 서울까지는 한 시간 정도 걸립니다."

비젠이 영어로 묻자 한국인 승무원도 유창한 영어로 대답했다. 노르웨이는 노르웨이어와 영어를 공용한다. 그는 어린 시절 노르웨이어와 영어를 습득하는 데 오랜 시간이 걸렸다. 사람들은 그가 말 못하는 벙어리인 줄 알았다.

비젠은 두 가지 병을 앓았거나 앓고 있다. 그는 일곱 살에 한국에서 노르웨이로 입양을 갔다. 그는 자신이 입양아라는 사실을 아는 데 많은 시간이 걸렸다. 일곱 살 이전의 과거를 기억하지 못한 그는 자신이 기억상실에 걸린 것을 알지 못했다. 양부모는 비젠이 낯선 환경에 적응하기를 기다렸다. 그는 자신이 양부모와 피부가 다른 한국인이었고, 입양 왔다는 사실을 알고 나서는 사회부적응증을 겪어야 했다. 양부모는 그를 정신병원에 데려가 치료했다. 병원에서 그의 기억상실증도 발견되었다. 부모에게 버림 받은 충격이 기억상실의 원인이라고 의사는 말했다. 양부모는 그의 정서에 좋은 영향을 미치는 교육을 주선했다. 노르웨이 정부도 그가 정신적인 병을 앓지 않고 노르웨이에 적응하도록 신경을 썼다. 여러 가지 악기와 운동을 배웠다. 덕분에 그는 기억은 돌아오지 않았지만 차츰 다른 노르웨이 아동과 같이 평범한 생활을 할 수 있게 되었다.

그는 메사호숫가의 릴리하마에 살았다. 그는 어릴 때부터 메사호수에서 낚시를 드리우고 고기가 잡히는 동안 호수를 바라보는 것을 즐겼다. 대학교 입학 이후, 오슬로에 살면서도 주말이면 고향이 있는 메사호수로 가서 낚시를 했다. 낚시를 드리우고 그는 호수의 정적 속에서 클라리넷을 불었다. 호수는 바다만큼이나 넓어서 마을이 형성된 곳이 아니면 사람을 볼 수가 없었다. 그의 클라리넷 소리는 주변 산들을 깨우고 호수를 깨웠다. 비젠은 메사호수 주변지형을 잘 알았다. 그는 사람들이 가지 않는 외진 곳에서 홀로 연주를 했다. 그의 클라리넷 연주는 나무와 산과 새가 들었다. 릴리하마에 살고 있는 양부모 집을 방문하지 않고 비젠은 혼자 메사호수에 찾아가곤 했다.

비젠의 양부모는 한인 입양아 모임에 그를 보냈다. 한국 대사관이 주최하는 그 모임에는 비젠과 같은 고등학생 입양아들이 수십 명 모였다. 그와 피부색이 같은 아이들. 그들과 사귀다 보면 그의 기억이 돌아올지도 모르고 정서적으로 안정될 것이라는 배려였다. 그러나 그들 중 누구도 한국어를 알지 못했고, 한국이라는 나라를 가 본 적이 없었다. 모두들 친부모의 나라, 친부모에 대해 몰랐다. 또래의 입양아들은 대부분 3세 이전에 입양되어서 조국에 대해 기억하는 것이 없었다. 일곱 살에 입양된 그도 아는 것이 없는 것은 마찬가지였다. 그들은 모두 친부모에게 버림 받았다는 사실을 숨기고 싶어 했다. 그는 모임에 두 번 다시 나가지 않았다. 같은 한국인 입양아들이 연락을 해 와도 만나지 않았다. 비젠과 같은 처지의 한국인 입양아가 수 천 명이나 노르웨이에 살고 있었다. 지독히도 가난한 나라. 미혼모가 아기를 낳거나 키울 수 없는 나라. 그 한국을 생각하면 수치스러웠고 기분이 나빴다. 차츰 비젠은 그 나라에서의 기억이 생각나지 않는 것이 다행이라 여기며 살았다.

그가 바다라고 알았던 눈앞의 호수는 바다가 아니었다. 어릴 적 그는 바다와 호수를 구분 지을 수 없었다. 메사호수는 차로 두세 시간을 달려도 끝이 보이지 않았다. 그와 양부모가 살았던 릴리하마는 거대한 메사호수가의 작은 도시였다. 혼자였던 그는 호수에서 살다시피 했다. 메사호수를 보면 바다 건너 저편에 그의 모국이라는 한국에 가 닿을 수 있을 것 같았다. 한국이라는 나라에 대한 이미지는 차츰 나아졌으나 그는 애써 무시했다. 정직한 노르웨이 국민으로 살고자 노력했다.

숙박업을 하는 양부모의 집은 여행객들로 붐볐다. 사람들은 릴리하마에서 하루쯤 쉬었다가 장미의 도시 몰데나 피요르드 바닷가로 떠났다. 머물지 않고 떠나는 사람들을 보며 여행객들을 따라 바다로 가고 싶었다. 가고 싶은 곳이 있어도 어디에 있는지도 모르는 나라. 그는 한없이 넓은 호수 앞에서 얼굴도 모르는 부모에 대해 생각했다. 7살이나 되도록 키우다가 함께 살 수 없었던 그들의 사정이 짐작이 가지 않았다.

그는 오슬로의 대학에 진학하면서 릴리하마를 떠났다. 릴리하마는 그에게 고향이 되었던 것이다. 그는 마음이 답답하거나 일이 풀리지 않으면 메사호수를 찾곤 하였다. 릴리하마는 겨울이 되면 눈이 많이 왔다. 산 위의 스키 점프대에서 호수를 바라보면 눈 내린 산의 정경을 담은 호수는 유리거울처럼 투명하고 아름다웠다. 스키를 타고 달리면 호수까지 바로 연결될 것 같았다. 그는 스키를 타고 호수에 빠지고 싶은 충동을 느끼곤 했다. 그는 노르웨이에서 가장 멋진 곳은 고향 릴리하마의 눈 내린 풍경이라고 생각했다. 메사호숫가에는 자작나무들이, 그 너머 산에는 상록수들이 빽빽이 자라고 있었다.

비젠의 서울행은 '하이 서울' 페스티벌의 여름축제에 초대받음으로써 이루어졌다. 그가 소속된 오슬로 음악원이 초청되었다. 아내나 친구들은 그의 모국방문이 굉장한 사건이라고 했다. 그는 호들갑을 떨고 싶지 않았다. 그를 낳아 준 친부모가 있는 나라. 비젠은 한국방문이 이웃 다른 나라의 여행과 다르기를 원하지 않았다. 그는 한국말도 몰랐고 한국에 부모나 가족이 살고 있는지 알지 못했다. 오케스트라 단원은 예비단원까지 있기 때문에 그가 수락하지 않으면 안 갈 수도 있었다.

비젠 부부는 아이가 없다. 이웃에서 입양을 하거나 입양하는 아이를 받으러 공항에 가는 경우를 종종 볼 수 있었다. 그들 부부는 결혼 후 5년 간 아이를 갖지 못했다. 비젠이 한국 연주회를 마치고 돌아가면 그들 부부도 입양을 할 생각이었다. 아이를 낳거나 입양을 하면 아이의 양육에 대한 비용은 거의 정부가 댄다. 노르웨이 정부는 1년에 5백 명 정도 입양을 하는데 대개 아프리카나 아시아계라고 했다. 그들 부부는 아이가 태어난 나라에 가서 데려올 작정이었다. 비젠이 입양할 당시 아시아계는 거의 한국이었으나 지금은 한국인 입양아가 거의 없다. 그의 아내는 비젠을 닮은 한국인 입양아를 데려오길 원했다. 비젠도 검은 피부의 아이를 키우는 것은 꺼려졌다. 그렇다고 한국인 아이를 입양하는 것도 내키지 않아 망설이던 참이었다.

다시 오지 않는 어린 시절. 그는 어린 시절에 대해 생각하지 않았다. 그들이 사정이 있어 머나먼 타국으로 보낸 이상 그는 그들의 입장을 존중했다. 가족들도 그를 찾지 않았다. 비젠이 한국의 초청을 받고 한 생각은 그 곳에 가면 기억을 찾을 수 있을까, 하는 것이었다. 노르웨이에서 25년을 살면서 한국에서의 7년을 기억하려고 무진 애도 써봤다. 과거가 기억나지 않아 괴로워하던 시절도 있었다. 그러나 지금은 편안하고 자연스러웠다. 그 기억으로 인해 괴로우면 괴로웠지 소중하고 즐거운 추억은 아니었을 것이다. 그는 단원의 일원으로 클라리넷 연주만 하고 돌아갈 계획이었다. 그러나 그의 노르웨이인 아내 로린은 한국 대사관에 가서 부모 찾기 신청을 하라고 졸랐다.

"비젠, 당신은 아니라고 하지만 당신은 너무 소중해서 반드시 기억하려던 것을 결국 잊고 만 거라구."

"나는 기억하기 싫어서 잊어버린 것이라고 생각하는데? 이제 무슨 의미가 있겠어."

"부모를 만나는 것보다 더 큰 의미가 어디 있어?"

대사관을 통한 입양기관에서 20일만에 한국에 산다는 큰누나의 전화번호를 알려주었다. 그의 한국 이름은 이지훈이었다. 그가 한국으로 출발하기 1주일 전이었다. 한국에는 그의 형제자매가 네 명이나 더 있었다. 비젠은 서울에 산다는 누나라는 여자에게 전화를 걸었다. 누나는 그보다 13살이나 많았다. 비젠은 한국어를 몰랐기 때문에 영어로 말했다. 누나는 비젠의 목소리를 듣고 대뜸 울기부터 했다. 울면서 하는 한국어를 비젠은 알아들을 수가 없었다. 그러나 그 목소리는 매우 간절했다. 누나가 자신을 그리워했다고 생각되었다. 그립다는 것은 어떤 느낌일까. 그는 아무렇지 않은데 누나는 왜 그리 슬프게 울까. 그는 의아했다. 누나의 목소리를 듣고도 그리움은 생기지 않았다. 약간의 부채감만 생겼다. 이제 계속 연락해야 하는 것이 아닌가. 기억이 없는데 그들이 가족이라고 하면 그는 받아들여야 하는가.

그는 단원들보다 사흘 먼저 서울을 향해 떠났다.

공항 로비로 나오자 수많은 인파 중에 눈에 띄는 플래카드가 보였다. 마중 나온 누나는 그의 이름을 쓴 널따란 종이를 들고 있었다. 누나는 깡마른 몸에 화려한 옷을 입고 짙은 화장을 했다. 얼굴만 기형적으로 터질듯이 통통하고 반들거렸다. 웃는 얼굴이 괴물처럼 보였다. 신경질적인 여자였다. 비젠을 끌어안고 우는 누나와는 달리 그는 서먹하고 어색하였다. 25년 간의 시간이 흘렀다. 누나는 비젠이 한국 언어를 잃어버린 것에 대해 놀라워했다.

"지훈아. 나야. 지숙이 누나. 너 어릴 때 내가 한글 쓰는 것까지 다 가르쳐서 보냈단 말이야. 어떻게 그걸 다 까먹는단 말이야."

누나는 설움에 겨워서 주위에 사람들이 있거나 말거나 엉엉 소리 내어 울었다. 난감해진 비젠은 누나가 데리고 온 꼬마를 쳐다보았다. 아이가 자기 엄마에게 뭐라고 했다. 이어 꼬마는 어눌한 영어로 말을 걸었다. 누나를 닮아 눈이 작아 웃으면 잘 보이지 않았다. 비젠도 눈이 작았다. 태현이와 금방 친해졌다.

"엄마가 통역을 해주면 선물 사준댔어."

"너는 외국에서 살다왔니?"

태현이는 영어는 서툴렀으나 발음은 제법 정확했다. 깜찍하고 귀여웠다. 그는 그 나이에 누구와도 말 한마디 못하고 지냈다. 누구에게나 먼저 말을 거는 적이 없었다. 누구나 그에게 먼저 말을 걸어야 했다. 사귀다보면 비젠이 누구보다 정이 많은 사람인 것을 알 수 있었다. 그가 떠날 때도 태현과 비슷한 나이였다. 7살의 그는 어땠을까? 말이 잘 통하지 않아도 태현이처럼 아무에게나 말을 걸고 잘 웃었을까?

태현이는 영어 유치원을 다닌다고 했다. 유치원에서는 원어민 교사가 영어로 수업을 한다고 했다. 한국은 교육 시스템이 잘되어 있는 모양이었다. 가난해서 입양 보냈다는 말이 이해가 되지 않았다.

공항에서 서울로 가는 길에는 비가 내렸다. 안개비 때문에 도시가 뿌옇게 보였다. 한국의 하늘은 노르웨이의 푸른 하늘을 닮았다고 했는데 그렇지도 않았다. 한국은 아직 여름이었다. 누나의 승용차는 넓고 쾌적했다. 스테레오에서 한국의 음악이라는 묘한 음악이 나왔는데 누나는 작은 소리로 따라 불렀다. 누나는 운전을 하면서 태현을 통해 말을 시켰다. 누나는 운전을 하면서 자꾸 뒤돌아보았다. 비젠은 누나가 운전에 신경 쓰지 않는 것이 걱정이 되었다. 그가 영어로 하는 말을 누나나 태현은 알아듣지 못했다. 누나는 문장이 되지 않는지 단어만 툭툭 내던졌다. 세 사람은 몸짓과 손짓으로 겨우 대화를 이어갔다.

키가 크네! 누나의 말을 들은 그는 어리둥절했다. 누나는 키가 작았다.

왜?, 하고 그가 물었다.

누나는 키가 큰 것은 아버지를 닮아서 그렇다고 했다. 얼굴도 아버지를 닮았다고 했다. 아버지는 그가 한국에 있을 때 이미 바다에서 돌아가셨다고 했다. 그가 꿈에서 본 그 영상은 정말 아버지였을까? 파도를 거슬러 힘겹게 헤엄치는 아버지. 그에게는 돌아가신 아버지나 살아 있는 엄마, 누나까지 모두 낯선 사람이었다. 그의 엄마는 25년째 앓고 있다고 했다. 병명은 알츠하이머와 비슷하다고 했다. 사람을 만나도 알아보지 못하고 기억상실을 앓는 비젠과 비슷한 병이라 여겨졌다. 그의 기억상실을 누나는 알지 못했다. 누나는 그가 하는 영어로 자신도 과거를 기억하지 못한다는 말을 알아듣지 못했다. 두 명의 형은 연락이 안 되고 큰누나만 서울에 산다고 했다. 부산에 사는 작은 누나는 이틀 전에 출산하여 오지 못한다고 했다. 누나가 의미없이 지훈아 하고 불렀다. 지훈아, 그도 누나를 따라 자신의 이름을 불러보았다. 낯선 이름이었다.

그들의 고향은 강원도 양양 바닷가라고 했다. 그래서 그가 메사호수를 좋아했나. 그는 기억을 되살리려 연관되는 것들을 연결시켰으나 기억은 돌아오지 않았다.

그는 현대적인 것을 두려워하는 편이다. 그는 노르웨이의 순박하고 진실한 국민성을 닮았다. 과잉친절도 싫어했다. 잇속 따지는 곳에는 아예 가지도 않았다. 그런 비젠을 아내는 순수하다고 했다. 그는 퇴근하면 친구들과 술이나 커피 한 잔 나누지 않고 5시경에 집에 도착한다. 그리고 아내와 산책을 하고 요리를 함께 만들어 먹었다. 누나는 밥은 먹었느냐고 물었다. 노르웨이에서도 쌀로 밥을 해 먹긴 했다. 평소에는 주로 빵과 커피, 야채를 먹었다. 토요일이나 주말에는 시간이 걸리는 요리를 만들어 먹곤 했다. 비젠은 누나의 말을 듣는 순간 마음이 한없이 따뜻해져 오는 것을 느꼈다. 한국에서는 밥 먹었느냐는 말이 곧 인사말이란 걸 몰랐는데도, 비젠은 그 말에서 누나가 그를 몹시 아끼고 사랑한다는 것을 느꼈다.

누나의 집은 아파트 숲이라 할 만했다. 서울이라는 도시가 이렇게 많은 아파트와 빌딩들로 이루어진 것은 놀라운 발견이었다. 가난한 나라여서 아기들마저 수출하는 나라라고 믿어지지 않았다. 누나가 산다는 아파트의 실내는 말끔했으며, 화려하면서도 고급스러웠다. 그가 사는 노르웨이 집은 넓긴 해도 내실은 매우 검소했다. 누나의 남편은 나이가 많아 보였다. 대머리였다. 그가 아버지라고 불러도 될 만큼 늙었다. 누나의 아들은 민태현이고, 남편은 김상식이었다. 그 날 저녁 그는 엄청나게 많은 음식을 먹었다. 음식은 담백하였고 한국의 술은 향기로웠다. 처음 먹어보는 요리들이었는데 굉장히 비싸 보였다. 한복을 입은 아가씨들이 나와서 차례로 한국요리를 내어 왔으나, 그는 젓가락질이 서툴렀다. 태현이는 천연덕스럽게 젓가락으로 국수같이 가는 음식을 잘도 집어 먹었다. 그는 종업원에게 부탁해서 포크로 음식을 먹었다. 한국에서의 첫날 밤, 그는 불편한 속과 마찬가지로 낯선 누나의 집에서 뒤척이다가 잠시 잠이 들었다.

또 그 꿈을 꾸었다. 푸른바다는 거칠게 흔들려서 사람들이 바다를 바라보며 기도를 하고 있었다. 그 사람들은 모두 비젠을 닮은 한국인이었다. 그 속에 일곱 살의 비젠도 있었다. 비젠은 춥고 무서웠다. 비젠이 울면서 떨고 기다려도 파도 속의 그 사람은 좀체 다가오지 않았다. 파도 속에서 사람이 유유히 헤엄을 치며 오고 있었다. 사람들은 간절히 기다렸으면서도 그 사람이 다가오자 외면했다. 가까이 온 것은 사람이 아니라 고래였다. 어릴 때부터 가끔 꾸는 꿈이었다. 누나네 집에서 자던 첫날 밤, 비젠은 잠이 깨어나 서성거렸다. 불안했다. 휴대폰으로 아내에게 전화를 했다.

"엄마, 만났어?"

"아니, 엄마는 서울이 아닌 강원도에 있대. 강원도는 서울에서 4시간이나 고속도로를 달려야 가는 곳이래."

“그럼 언제 가는데? 만날 거지?”

“누나가 확실히 말을 안했어. 연주회가 끝나면 가려나 봐.”

“누나하고 나도 통화하면 안 돼?”

“지금 잠자고 있어. 서울은 지금 새벽 2시야.”

하룻밤을 자고 그는 호텔로 잠자리를 옮겼다. 누나가 아침부터 찾아와서 쇼핑을 다녔다. 한국의 백화점은 쾌적하고 화려했다. 누나는 그에게 휴대폰을 사 주었다. 그는 휴대폰이 있다고 싫다고 했다. 말도 통하지 않는 남매가 서로 억지를 부렸다. 누나는 그에게 디지털 카메라와 양복도 한 벌 사줬다.

만난 날부터 이틀 동안 누나는 엄마의 이야기를 꺼내지 않았다. 아무리 찾지 않았다고 해도 이미 한국에 온 이상 가족들을 만나봐야 한다. 비젠이 누나에게 왜 엄마를 보여 주지 않느냐고 물었다.

“정신이 이상해. 널 만나도 못 알아 볼 거야.”

누나는 날씨가 너무 덥다고 했다. 9월이면 가을인데 올해는 여름 더위가 길고 비도 자주 내린다고 했다. 엄마 이야기를 꺼내면 누나는 화를 냈다. 병든 엄마를 25년이나 보살펴야 하는 심정을 아무도 모른다고 했다. 그는 25년 간 노르웨이에서 기억상실과 사회 부적응증 때문에 고통 받았다. 한국에 남은 사람들도 다들 그만큼의 아픔이나 고통을 받고 있었다.

때때로 그는 한국말을 못하는 것이 참으로 다행으로 느껴지곤 했다. 언어의 장벽은 하고 싶은 말을 참게 하였다. 누나와 그는 말이 통하지 않아서 엄마에 대해서도 더 이상 대화를 나눌 수가 없었다. 그는 누나의 아들과 주로 대화를 나눴다. 그 아이는 제법 영어를 해서 의사소통이 되었다. 한국에 와서 그가 가장 편안하게 여기는 사람은 말이 통하는 태현이었다.

노르웨이에서 일행이 온다는 날 새벽 누나는 비젠을 태우고 강원도로 갔다. 고속도로를 달리면서 보니 한국에도 산이 매우 많았다. 평창이라는 곳에서 누나는 대관령 옛길로 차를 몰았다. 대관령 고갯길은 노르웨이의 메사협곡처럼 길고 구불거렸다. 누나는 쉬지도 않고 고속으로 차를 운전했다. 대관령 고갯마루에 오르자 동편으로 바다가 보이는 곳에서 차를 세웠다. 누나는 그가 어릴 때 살았던 곳이 양양이라고 손을 들어 멀리 어떤 곳을 가리켰다.

누나는 바다가 보이는 낡은 골목에 차를 세웠다. 그가 살았던 집이라고 말했다. 간판이 붙어 있어서 그가 손으로 무슨 말인가 물었다. 집터를 산 사람이 새로 지은 집인데 민박을 한다고 했다. 릴리하마의 양부모 집과 여러 모로 닮았다. 집 앞에 호수 대신 바다가 있다는 사실이 다를 뿐이었다. 바닷가 모래사장에는 몇몇 사람들이 늦은 피서를 즐기는지 파도가 치는데도 해수욕을 하고 있었다.

끝없이 펼쳐진 바다는 메사호수를 닮았다. 자신이 메사호수를 좋아한 것이 기억에는 없지만 어릴 때 눈앞에서 늘 바라보았던 바다인 것처럼 느껴졌다. 부정할 수 없는 것들은 많았다. 기억에 없다고 우겼지만 그의 몸이 기억했던 것이다. 몸이 고향을 그리워했고, 부모를 그리워했다. 조산리라고 했다. 조산리 바다는 노르웨이의 메사호수와 닮아서 눈부시게 푸르렀다. 바다 저편에서 꿈에서 보았던 흰 옷 입은 사람이 헤엄쳐 오는 것이 보였다.

가까이 다가온 것은 사람이 아니라 파도였다. 메사호수와 달리 동해바다는 파도를 심하게 몰고 다니는 것을 보았다.

요양원은 설악산 자락에 있었다. 조산리에서 한 시간이나 차를 타고 갔다. 엄마를 만나도 기억은 돌아오지 않았다. 엄마는 처음 보는 사람이었다. 엄마는 사람을 알아보지 못했다. 비젠이 쳐다보자 엄마는 엉거주춤 일어나 고개를 숙였다. 그도 고개를 약간 숙였다. 엄마라는 노인은 고집이 세어 보였다. 누나가 말했다.

"엄마, 지훈이야. 엄마, 지훈이 보내고 연탄불 피워 놓고 자살하려고 했잖아. 봐. 지훈이가 이렇게 훌륭하게 자라서 왔어."

노인은 당당한 표정으로 누나와 그를 바라보았다. 몸은 말랐지만 흰 피부에 성격이 꽤나 까다로워 보였다. 저 병든 노인이 엄마라니? 비젠은 조금 실망스러웠다. 마흔 다섯에 정신을 놓아버리고 입원과 퇴원을 반복하다가 3년 전부턴 아예 요양병원에서 산다고 했다. 병든 엄마 모시고 소녀가장으로 25년을 산 누나는 가족에게 피해의식이 많았다. 자신은 가족들 때문에 늘 불안하고 불행하다고 했다. 두 명의 형은 말썽을 피우고 도움은커녕 누나에게 굴레만 씌웠다고 했다. 지금은 연락이 전혀 안 된다고 했다. "보고 싶어 하지 마라. 네 형들이나 작은 누나도 너랑 똑같이 닮았어. 피는 못 속여. 어쩜 그렇게 아버지랑 닮았니?" 누나가 영어와 한국어를 섞어서 하는 말을 그는 이해했다.

"그 때 갈 수 있었다면 내가 가고 싶었어. 난 그 때 열여덟 살이었어. 고등학교도 졸업 못하고 엄마를 보살폈어. 너를 보내지 않았다면 엄마가 저렇게 되지도 않았을 테고, 나 혼자서 동생들 뒷바라지에 허리가 휘지도 않았을 거야. 나는 아픈 엄마를 보며

25년 간 욕을 했어. 엄마가 반응을 하지 않아서 더욱 화가 났었지. 왜 죽지도 않고 나만 고생시키는지. 지훈이 너만은 좋은 나라에 가서 많이 배우고 잘살라고 보낸 건데. 엄마는 정신을 놓고 너는 기억상실이라니."

엄마는 저만치 앉아서 비젠을 물끄러미 바라보기만 했다. 누나는 엄마를 껴안고 울었다. 누나에게 잡힌 엄마는 빠져 나오려고 했다. 엄마도 울었다. 엄마는 왜 우는 걸까? 비젠이 의식에 없어도 고향을 그리워 한 것처럼 엄마도 갇힌 기억 속에서 비젠을 알아보고 우는 것인지도 몰랐다. 두 사람의 울음을 보면서 비젠은 멀뚱히 서 있었다. 누나는 엄마의 손을 그에게 쥐어 주었다. 손은 거칠고 버석거렸다. 그는 그녀에게 잡힌 손을 빼고 싶었으나 참았다. 그는 클라리넷을 불면서 항상 자신의 손가락을 본다. 연주를 할 때마다 자신의 손이 거칠고 못생겼다고 생각했다. 그러나 엄마에게 손을 잡힌 순간 그는 자기 손의 보드라움에 놀랐다. 25년이라는 시간과 기억상실은 두 사람의 사이도 건널 수 없는 바다처럼 아득히 멀게끔 만들어 놓았다.

엄마가 정신을 놓은 것처럼 그에게도 기억상실의 시간이 있었다. 그에게 엄마와 형제가 있다는 것을 알았다면 기억상실로 방황하던 외롭고 쓸쓸했던 시간이 조금은 견딜 만했을까. 그들은 모두 자기 방식으로 아팠던 것이다. 가족은 그런 것이다. 서로가 분리된 삶을 살아 온 것 같지만 엄마를 보는 순간 그는 알았다. 엄마의 말 못하는 생애 안에 충분히 그 자신이 있다는 것을. 엄마의 주름진 투박한 손에서, 얼굴에서, 알았다. 비젠을 지구 반대편의 나라에 보낼 수밖에 없었던 그들의 입장을 이해했다. 그래서 그는 그녀처럼 울지도 않았고 반갑지도 않았다. 이럴 때 말이 통하지 않는 것은 얼마나 다행한 일인지. 엄마와 누나는 시간이 지나도 울음을 멈추지 않았다. 그들의 울음은 내장을 쥐어뜯는 것처럼 서럽게 들렸다. 누나는 엄마가 운 것은 알 수 없는 일이라고 했다. 기억을 못하는 건지 엄마는 그의 이름도 부르지 않았다. 그의 손만 잡고 쓰다듬었다.

누나가 미안하다는 말을 하지 않아 다행스러웠다. 그가 진짜 듣고 싶은 말은 그 말이 아니었는지도 모를 일이다. 누나와 엄마의 생애에 대해 자신이 미안해해야 할 것 같았다. 그를 버린 그들은 평생 동안 가슴에 상처를 안고 살아왔다. 이젠 비젠이 미안해야 할 차례인가?

"나는 엄마가 자식 팔아먹고 천벌을 받아서 이렇게 되었다고 생각했어. 그런데 이렇게 병든 엄마라도 있는 것이 얼마나 다행한 일인지 모르겠다. 네가 왔을 때 엄마마저 없었으면 어떡하니? 정말 잘 왔다."

누나가 울먹이면서 하는 말을 비젠은 알아들었다. 갑자기 그때부터 말은 못해도 무슨 뜻인지 이해가 되는 것이었다. 31년 간의 전 생애가 눈에 보이는 듯 이해가 되었다. 그걸 기억이 돌아왔다고는 할 수 없었다. 여전히 일곱 살 이전의 기억은 없지만, 어떤 맥락은 완전히 잡혔다. 엄마만 25년 간이나 고통 받은 것이 아니었다. 누나도 마찬가지이다. 그들이 잘살든 못살든 그것을 바라보는 비젠의 마음은 편할 수 없다. 사정을 모른다는 것은 편리하다. 자신의 마음대로 이해하든지 오해를 하면 그만이다. 자신의 근본을 본다는 것은 두려움이었다.

비젠은 한국에서의 연주회가 끝나고 아프리카로 가는 비행기 표를 예약했다. 그의 아내도 노르웨이에서 아프리카로 올 예정이었다. 그곳에 들러 그들은 입양될 아기를 데리고 갈 계획이었다.

아주 사소한 그 한 가지

이병숙
dulmaru@hanmail.net

사람에게 자연치유능력이 있다는 건 얼마나 감사한 일인가.

조장이 오늘 무슨 약 먹었냐며 짜증을 냈을 때, 나는 먹어보진 않았지만 마약을 먹으면 이럴까 싶은 마음이 들었다. 화장실 쓰레기통을 하나 빼놓고 비운 것은 실수로 봐주려했다. 빼놓은 쓰레기통이 가득 차 부랴부랴 끼워놓은 비닐을 꺼내 옮기다가 허술하게 묶은 매듭이 풀어져 내용물이 바닥에 쏟아지자 조장은 인상을 찌푸리며 쏘아붙였다. 변 묻은 휴지와 피 묻은 생리대가 널브러진 모습은 누구라도 인상이 찌푸려질 만큼 던적스러웠다. 허둥지둥 다시 쓸어 담는데 신참 명희가 정말 어디 아픈 거 아니냐며 거들어주었다. 나는 얼굴을 두 손으로 토닥토닥 두드려도 보고 머리를 흔들어 정신을 차리려고 애를 썼다. 마치 태몽처럼 선명한 꿈을 꾼 것도 같고 환청을 들은 것 같아 일손이 자꾸만 굼떠졌다. 아무래도 영애의 말 때문인 것 같았다. 아니 내 미천한 일상에 대한 반작용일 수도 있다. 내 일상이 취미생활이나 즐기는 뱃속 편한 주부이거나 연봉 많은 사무직 직장인이라면 그저 웃고 말 일일지도 모른다. 집을 생각하면 굴속 같고 앞날을 생각하면 막다른 골목에 서 있는 것 같은 일상에 영애의 말은 복음이었다.

영애를 만난 건 문화센터에서다. 아직 매장은 열기 전이지만 문화센터는 새 학기 수강접수를 받고 있었다. 여직원 탈의실로 들어가려는데 누군가 어머, 선희 아니니? 하고 불렀다. 어머 맞네, 이게 얼마만이니, 호들갑을 떠는 영애를 보며 나는 속으로 아직 유니폼으로 갈아입지 않은 것만 천만다행으로 여겼다. 나도 접수하러 온 척 하며 접수실 한 켠에 수강생들을 위해 마련해둔 소파로 자리를 잡았다. 영애는 반갑다며 그간의 얘기를 풀어놓았지만 빨리 옷을 갈아입고 미화부로 내려가야 하는 나는 건성으로 들었다. 그나마 바쁜 일이 있어 가봐야 한다며 말을 자르자 영애는 급히 동창모임을 꺼냈다. 우리 청석 중학교의 수재인 너를 모두 궁금해하고 보고 싶어 해. 참, 너 영찬이 알지? 걔 너 무척 좋아했잖아. 아직 결혼도 안 했어. 자기한테 여자는 너 하나뿐이라더라. 그러니 꼭 나와. 고적한 산사에서 울리는 범종소리처럼 영애의 낭랑한 목소리는 가슴을 울렸다. 그리고 그 소리는 영애가 간 뒤로도 계속 은은하게 울려댔다.

청석의 수재. 코웃음이 비실비실 나왔다. 한 학년에 두 반 씩 있는 읍내 중학교지만 수석을 놓쳐본 적은 없다. 잊고 있었는데 내게 그런 화려한 날도 있었다. 궁금하다고? 백화점에 파견근무하는 청소업체 청소부라고 하면 어떤 표정들일까. 아, 영찬이, 그래. 그 애가 있었지. 나는 설마하면서도 그럴수록 암담한 현실에 대한 보상이라도 받아내려는 듯 그 옛날 한 때를 더듬었다.

막상 중학교를 다닐 때는 그 애가 나를 좋아하는 줄 몰랐다. 그냥 내 주변을 뱅뱅 돌며 친절하게 대하긴 했다. 그런데 다른 남자애들은 나를 멀리하는 기색이었다. 암암리에 '선희는 영찬이 꺼' 라는 말이 돈 걸 보면 영찬이 입김이나 힘이 작용했던 것 같다. 내게는 소극적이고 소심한 편이지만 남자애들 사이에서는 주도적이고 힘도 쓰는 것 같았다.

3학년 때 우리가 서울로 이사를 가게 되었을 때에야 무엇에 쫓기듯 제 속내를 드러냈다.

'너 전학 간다며?' 하굣길에 무슨 큰일이라도 만난 듯 쫓아와 물은 그의 표정에는 낭패감이 역력했다. 내가 그렇다고 하자 이제 학교에 무슨 재미로 나오냐며 한숨마저 쉬었다. 그것도 모자라 그래도 너희 큰집이 여기 있으니 방학 때는 놀러 오지 않겠냐며 희망인지 협박인지 애매하게 다그쳤다. 그 진지함에 나는 언니 오빠들이 있으니 자주 올 거라고 대꾸할 수밖에 없었다. 그날 삼십 분 넘는 길을 같이 걸으며 이런 저런 얘기를 하는 중에도 그는 꼭 와야 한다는 다짐을 몇 번 더 주었다.

방학 때 놀러 간다고 했지만 실천에 옮기지는 못했다. 겨우 추석과 설날에 식구 모두 전날에 갔다가 이튿날 차례만 지내고 서둘러 돌아오곤 했다. 한 번은 큰집 마당 어귀에서 서성이는 그 애를 보긴 했다. 하지만 식구들이 떠나고 배웅하느라 부산스럽고 시간도 없어 쫓아가 만날 수는 없었다.

그 애를 다시 만난 건 고 3때 할아버지가 돌아가셨을 때다. 나는 출상 전날 내려갔다. 저녁 무렵 왠지 마음이 켕겨 장례식장 밖으로 자꾸만 시선이 갔다. 아니나 다를까 그 애가 빗속에 우산을 쓰고 땅고름을 하고 있었다. 나는 얼른 우산을 찾아들고 나가 알은 척을 했다. 소년티를 벗은 그 애는 함박웃음을 머금고 반겼다. 우리는 장례식장 뒤로 난 뚝방길을 걸었다. 자기 우산을 접고 내 우산 속으로 들어오는 모습이 제법 호기로워보였다. 왕복 두 시간쯤 걷는 동안 특별한 얘기는 없었다. 주로 학교와 동창들의 시답지 않은 얘기였지만 이상하게 아주 재미있는 얘기처럼 나눴던 것 같다. 특히 그가 너처럼 예쁜이라던가 너처럼 착한이라는 수식어로 나를 지칭할 땐 민망해 과장되게 부정하곤 했다. 장례식장에 도착할 즈음 그 애는 이제 자기에게 여자는 너밖에 없다는 말을 하면서 편지를 내밀었다. 나는 깜짝 놀라 첩보영화에서 밀서를 받듯 얼른 받아 주머니에 넣었다. 헤어지면서 그가 제 우산을 펴고 내 우산에서 나갈 때 보니 그의 왼쪽 어깨에서 빗물을 뚝뚝 떨어지고 있었다. 그의 오른쪽에 있었던 내 몸은 말짱했다. 편지 내용은 내가 설레기 좋을 만큼 기다림과 그리움을 가득했다. 그러나 그것이 오히려 더 부담이 되어 답장을 할 수가 없었다. 그나마 대학입시에 떨어지면서 자존심이 허락하질 않아 끝내 답장은 하지 않았다. 더 이상 시골에 내려가지도 않았다. 그리고 이내 팍팍한 일상에 묻혀 그때의 일은 그저 희미한 한 점의 정물화로 남아있을 뿐이었다.

그런데 그 애가 중년이 된 지금도 나 때문에 결혼도 안 하고 있다는 거 아닌가! 석 달 열흘 장마 끝에 나온 햇살처럼 갑자기 생기가 돌았다. 희미한 정물화는 또렷한 동영상으로 되살아났다. 가족에 치이고 생활에 절은 아줌마의 칙칙한 이미지도, 예쁘고 공부 잘해 부러움의 대상이 되던 소녀의 모습으로 덮어 그로 파생된 감정에 도취되었다. 공연히 허둥거려지고 사람도 건성으로 대했다.

"야, 우리 정말 동창모임에 갈래?"

퇴근 무렵 희순이 뜬금없이 물었다. 아주 달뜬 표정이었다. 그러고 보니 그녀도 뭔가 실수를 했는지 조장한테 '오늘 쌍으로 왜 그래, 단체로 약 먹었어?' 하는 지청구를 듣는 것 같았다.

"뭐? 동창모임에?"

나는 무엇에 얻어맞은 듯 되물었다. 기막힌 꿈을 꾸다 깨어난 것처럼 정신을 가다듬었다.

아, 그렇지! 아까 영애를 만날 때 나보다 늦게 출근하던 희순이 합석했던 걸 그제야 떠올렸다.

"그래, 영찬이가 아직 나 때문에 결혼도 안하고 있을 줄은 상상도 못 했어"

뭐라고? 나는 기절하지 않으려고 이를 악물었다. 나는 말을 잘못 알아들었나 싶어 뭐라구? 하고 되물었다.

"아니, 아까 영애가 그랬잖아. 영찬이가 나 때문에 아직 결혼도 안 하고 있으니 동창모임에 꼭 나와 만나보라고"

희순은 너도 들었지 않느냐는 투로 대답했다. 최대한의 자제력을 발휘하여 희순이 왜 그런 망상을 하게 되었는지 아침의 상황을 더듬어 보았다. 희순도 동기동창으로 청석의 수재이긴 했다. 생각해 보니 내가 두 번 수석을 놓쳤는데 그때 희순이 수석을 했다. 물론 그 외는 늘 희순이 차석이었다. 그녀를 지난 해 청소업체 직원모집 면접실에서 만나곤 기겁을 했다. 이만하면 아는 사람이 하나도 없겠지 싶은 마음으로 서울 변두리에 있는 작은 청소업체에 원서를 냈는데 천 리나 떨어진 시골 중학교 단짝을 만날 줄이야. 우리는 피차 감추고 싶은 속사정을 조금씩 드러내며 공범이 되어 동창들로부터 숨기로 했다.

그런데 어째서 영찬이가 자기 때문에 결혼을 안 하고 있다고 받아들인 것인가. 나는 마치 귀한 보물이라도 빼앗긴 것처럼 흥분이 일었다.

"나 사실 영찬이 아니었으면 고등학교도 졸업하기 힘들었어, 그런데 그렇게까지 날 좋아할 줄은 몰랐어."

얼씨구. 나는 어처구니가 없었다. 하지만 희순이 정신이 나가지 않고서야 저렇게 천연덕스럽게 그것도 약 먹었냐는 소릴 들을 만큼 달뜬 표정으로 얘기할 수는 없다. 나는 거듭 생각을 되짚어보았다. 그러나 '개 너 무척 좋아했잖아' 하고 영애가 턱짓을 할 때 턱과 시선의 방향이 애매하긴 했다. 나와 희순이 나란히 붙어 앉았고 영애는 마주 앉았는데 대충 우리 쪽을 향해 턱짓을 했으니 희순이 혼돈할 만도 했다. 고등학교 2학년 때인가 서울 언니네 왔다며 만난 영애가 한 말도 떠올랐다.

중학교를 졸업한 동창들은 대부분 같은 재단인 농업고등학교로 진학했다. 실습이 위주인 고등학교는 중학교 때처럼 인문과목에 대한 성적이 그리 중요하지 않았다. 늘 성적이 좋고 조신한 희순은 재수 없는 애로 통했다고 한다. 그때 학생회장을 맡고 있던 영찬이가 감싸주더라고 했다.

저나 내나 팍팍한 삶을 사는 희순으로서는 그런 착각을 할 만하다 싶었다. 지금 그녀의 심정은 암흑 속에서 한 줄기 빛을 찾은 기분일 게다. 그 빛은 얼마간 세파에 상처 입은 희순의 마음을 치유해 줄 것이다.

어쩌면 영애가 영찬이 얘기를 할 때 영애의 턱이 정말 희순을 향했을 수도 있다. 학교 때 우리는 이름이 비슷해 애들은 물론 선생님들도 자주 혼동을 했다. 선생님이 애들을 시켜 우리 둘 중

하나를 부르면 곧잘 바꿔 가기도 하고, 아예 애들 스스로 바꿔 불러 놀리기도 했다. 만일 영애가 정말 희순에게 턱짓을 한 것이라면 그건 영찬이 희선이라고 했는데 영애가 희순으로 잘못 들은 것일 게다.

영애가 영찬이 얘기를 꺼냈을 때 희순이 정말? 하고 놀라 몸을 앞으로 당겼는데 그때 만일 '정말 나 때문에 결혼도 안 하고 있대?' 하고 꼬집어 물었다면 영애는 분명하게 희순인지 나인지 밝혔을 것이다. 하지만 희순은 그저 정말? 이라고만 했고 영애는 그래! 라고만 대답했다. 나는 당연히 그 둘이 내 얘기를 하고 있는 줄만 알고 감탄만 하고 있었다.

이걸 짚고 넘어가야 하나 잠깐 고민이 되었다. 하지만 절대 그럴 리는 없지만 만에 하나 희순이나 영애가 오해한 것이 아니라 내가 오해한 것으로 밝혀질까 두려워 참기로 했다.

"야, 너 영찬이가 너 때문에 결혼 안 했다는 말 믿니? 요즘 농촌 총각들 신부감이 없어 결혼 못하는 거 몰라. 그냥 농촌으로 시집갈 여자가 없어 결혼 못해놓고 괜히 그렇게 말했을지도 몰라"

"야, 농촌총각도 총각 나름이지"

마치 시앗에게 드잡이 하려는 본처 기세로 희순의 눈이 커졌다. 나는 움찔했다.

"영찬이네는 낙농을 크게 하는 집이었잖아. 거기다 영찬이가 가업을 이어받으면서 치즈공장까지 하는 대목장주가 되었다잖아. 그 정도면 농촌이라도 서로 시집오려고 할 걸"

조금만 더 영찬을 폄하했다간 머리채라도 잡힐 것 같았다. 나는 속으로 옳거니 했다. 내가 의심하던 바를 희순이 시원하게 풀어준 것이다.

"그래서 지금이라도 영찬이 하고 어떻게 해보고 싶어?"

"어떻게 해보긴 뭘 어떻게 해봐. 그냥 나 때문에 결혼도 안 하고 있다니 한번 만나보고 싶은 거지"

"만나서 너 때문에 결혼도 안 하고 있다는 영찬이에게 청소부인 네 모습을 보여주려고. 그건 영찬이의 환상을 깨는 잔인한 일 아니니?"

"야, 뭘 그렇게까지 비약시키냐. 그냥 잠깐 만나서 놀다 헤어지면 청소부인지 사모님인지 어떻게 아냐?"

"애들은 눈이 없냐? 특히 결혼도 안 했을 정도면 얼마나 관심 있게 보겠냐. 살아온 흔적이 고스란히 배어있는 네 모습을 과연 감출 수 있을까. 입장 바꿔서 만일 지금 영찬이가 대목장주가 아니라 추레한 목부라면 네가 지금처럼 설렐까"

"……."

희순은 빤히 내 얼굴을 바라보았다,

"섭섭하게 듣지 마. 영찬이 환상 속에서만이라도 사모님으로 남고 싶으면 오늘 영애 안 만난 걸로 해. 다행히 유니폼 입기 전에 만나서 우리도 문화센터에 접수하러 온 줄 알잖아. 그것도 철학산책반에. 영애도 그랬잖아. 자기는 살 빼려고 에어로빅반에 접수했는데, 역시 너네들은 수재라 다르다고. 내가 수강생이 다 차서 접수를 못했다고 아쉬워해도 연기인 줄 모르잖아. 우리가 그래도 누군가의 기억 속에서는 멋있는 여자로 남아있다는 거 괜찮지 않니?"

희순은 천천히 고개를 끄덕였다, 나는 희순이 계속 동창 모임에 가겠다고 할까봐 조바심이 일었다. 몰랐다면 모를까 이왕 영찬이가 나를 좋아해 결혼도 안 하고 있다는 걸 안 이상 그건 진실이어야 한다. 어떤 변수도 오해도 있어선 안 된다, 그런데 만일 희순이 동창 모임에 간다면 그래서 영찬일 만난다면 산통이 다 깨지고 말 것 같았다. 다행히 희순은 내말에 동의하는 듯했다.

만감이 교차하는 희순의 표정에서 나는 확실한 증인을 찾아냈다. 만일 희순이 없었다면 나는 환청을 들은 것일 수도 있고 그저 영애의 농을 들은 것일 수도 있다. 그런데 흥분하고 설레고 실망하고 그러면서도 차마 기꺼움을 숨기지 못하는 희순을 보면서 나는 환청을 들은 것도 아니고 영애가 농을 한 것도 아니란 확증을 얻었다. 내 기억이 거짓이 아닌 이상 굳이 진의 파악에 연연할 필요도 없고 희순에게 내 속내를 밝힐 필요도 없다. 질곡의 삶을 견뎌내고 있는 희순은 아주 사소한 그 한 가지 사실에 대출이자 붙듯 부풀리고 포장할 것이다. 나는 그녀가 시들해지지 않도록 부추기며 불린 비밀장부를 고이고이 간직하면 된다.

"야, 근데 걔가 정말 그런 순정파였던가?"

나는 시무룩해져 있는 희순에게 그럴 리 없다는 투로 말을 던졌다.

"너 전학 가서 잘 모를 거야."

내 의도대로 희순은 화색을 바꿔 다정하고 의리 있는 학생회장 영찬을 설명하기 시작했다. 그리고 내가 꼭 듣고 싶은 말을 덧붙였다.

"생김새도 듬직하지만 마음에 없는 말은 할 줄 모르는 순수한 애야"

향수(鄕愁)

이슬민
jswtym@naver.com

서랍은 침묵을 삼키고 여전히 그 자리에 있었다. 한 번 다문 입은 절대 다시 열 생각이 없다는 듯 쭉 째진 눈으로 똬리를 틀고 앉은 어둠의 아귀가 새삼스럽다. 손톱 끝부터 찌르르 타고 오르는 전류로 인해 떨리기 시작한 내 손은 마치 사시나무의 버석한 잎사귀 같다. 메마른 한숨을 토해내는 서랍을 다시 열자 매니큐어 한 개가 온몸을 굴려 영역표시를 한다. 낯선 공기는 곧 퇴색되기 마련이다. 텁텁한 공기를 가르며 서랍 깊숙한 곳에서 모습을 드러낸 흰 봉투는 정갈하게 접힌 채였다. 무언가를 훔쳐보는 입장에서 눈치를 봐야할 건 엄마의 오래된 가구들뿐이었다. 그 자리에 있은 지 한참이 흘러 뿌리를 내렸지 싶은 반닫이는 꾸벅꾸벅, 윤기가 흘렀던 자신의 제비초리 경첩을 회상하고 있는지도 몰랐다. 나지막이 숨을 내쉬고 마음을 진정시켰지만, 그럴수록 손길은 황망해졌다.

또박또박 써내려간 유서의 내용은 글자마다 눈을 감아도 각인될 만큼 선명하게 떠올랐다. 고개를 갸웃하듯 비스듬한 서명까지 전부 엄마의 것임을 증명하고 있었다. 모든 걸 부인하고 싶다는 생각에 나는 울컥 힘주어 그것을 움켜쥐었다. 깃털만큼이나 많고 많은 날들 중, 왜 하필 오늘인가 말이다. 체념의 휘파람이 지나간 무릎 관절이 꺾이며, 나는 엄마의 조촐한 화장대 앞에 풀썩 주저앉고 말았다. 꼬마병정들처럼 조르륵 늘어선 샘플 화장품들이 시야에 들어왔다. 여기저기 출처가 다양한 녀석들 중 두어 개는 물구나무를 서 있고, 그 옆으로 동떨어진 화장품 병 몇 개는 뽀얀 먼지를 뒤집어쓴 채였다. 작년 이맘때였던가, 선물했던 화장품은 새것 그대로 백화점 진열대에서 다 낡은 화장대로 이사를 온 것뿐 누군가의 손길을 기다리는 건 매한가지였다. 염색해주기로 하고 반년이 지난 후에야 마주한 엄마의 서리 내린 머리처럼…….

"손톱이 죄 울퉁불퉁혀서 뭘 발라놔도 볼품없을 거인디–"

잔주름을 씻어내기라도 하듯 연신 손등을 쓸어내리며 엄마가 방으로 들어오자, 나는 얼른 손에 쥐고 있던 봉투를 가방 안에 숨겼다. 근 삼십 년을 버텨낸 시집살이는 달인이라 할 만큼 도가 텄을 것이요, 밖에만 나갔다 하면 사고를 줄줄이 달고 들어오는 아버지 덕에 신분증이며 온갖 문서를 집안 곳곳에 숨기는 것쯤이야 일도 아닌 엄마 앞에서 차마 유서를 훔쳐봤다는 내색을 쉬이 할 수 없던 까닭이다.

"남은 건 이거 하나밖에 없네?"

"만날 손에 물 닿을 일투성이구먼 한가롭게 그런 거 바를 짬이 있간디."

"동네 사람들 마실 오면 야금야금 드렸겠지, 뭐. 한 바구니였는데……."

"다 노나쓰고 그라는 것이제– 자, 요렇코롬 펼치믄 우리 딸이 이쁘게 발라준당가?"

서울토박이인 나는 엄마의 고향땅에 대한 기억이 별로 없었다. 작은 방앗간을 운영하며 엄마가 삶의 터전을 일궈 온 그곳이 지금은 기억의 저편으로 물러간 배신과 증오의 땅이기도 했기 때문이다. 다 녹슬어버린 기억을 지금에 와서 기름칠하고, 유물을 발굴하듯 펼쳐내려는 이유는 우리 모녀가 계획한 여행의 목적지가 바로 아버지에 대한 애증이 어느 정도 희석되었기 때문이리라. 그럼에도 불구하고, 내일 당장 이별할 사람처럼 공들여 쓴 유서는 어찌된 영문인가 말이다.

"하이고, 곱다. 이런 게 딸 키우는 재미랑게. 머리도 새루 했응게, 한 십년은 거슬러 뵈겠구먼."

손톱을 호호 불어가며 콧노래까지 흥얼거리는 그녀의 의중은 점점 더 오리무중이다. 진정 저 손으로 써내려간 유서란 말인가, 무수한 별빛도 다 품을 것처럼 아직도 소녀의 그것을 간직한 엄마에게 유언이라니……. 현실과 맞닿은 모든 것이 진공상태로 변해갔다. '내가 세상을 떠나는 날'이라는 문구는 머릿속에서 끝없는 돌림노래로 흐르고, 잠시 멈췄던 붓끝에서 떨어진 분홍 점은 방바닥에 떨어져 도돌이표를 그리고 있었다.

"음마마- 젊은 아가 워째 수전증 걸린 사람 맹키로 손을 달달 떠냐이. 시방 몸이 허한 거 아녀?"

전생의 죄마저 허할 것 같이 따스한 손길이 내 이마를 평온히 덮어주었다. 곰곰이 생각해보면 짚이는 게 없지만도 않은데, 모든 걸 차치해 두고라도 일단 스멀스멀 연기처럼 피어오르는 배신감부터 다스려야 했다.

"내가 몸이 허할 새가 어딨어? 올 때마다 몸보신 시켜주고 보약까지 챙겨주는 엄마가 있는데……."

"보약을 챙겨주믄 뭐허냐. 일한다고 부엉이마냥 밤새 잠도 안 자. 만날 눈은 퀭해가지구선."

"먹고 살려면 어쩔 수 없는걸 뭐."

"괜스레 엄마 콧바람 넣어주것다고 핀히 쉬지도 못 하고 놀러가자는 거 아녀? 집에 들르믄 반찬그릇 던져놓고 가기 바쁜 아가……."

걱정스레 던진 엄마의 한 마디가 맨발로 풀밭을 폴짝거리다 돌멩이를 꾹 밟은 듯 전신을 욱신거리게 했다. 둥지에서 독립해 혼자 어설픈 비상을 하면서도, 꼬박꼬박 어미 새에게 먹이를 바라던 천덕꾸러기 어린 새가 바로 나라는 걸 익히 알기 때문이다.

"엄마는, 어쩜 그래?"

마음속에서 들끓고 있던 용암 한 줄기가 작게 솟구쳤다.

"……."

"나, 김치 떨어진 거 뻔히 알면서!"

"음마- 안 그려도 총각무 한통 가져가라 할 참이었구먼. 어징간하믄 찬 떨어졌다 소리 안 하는 아가, 홍두깨맹이로 와 그란디야?"

역전에 모인 나들이객의 발걸음이 솜사탕으로 엮어 만든 구두를 신은 듯 가벼웠다. 들뜬 마음에 지저귀는 새들처럼 종종걸음으로 반가워하는 그들의 웃음소리조차 내겐 조롱에 가깝게 변환되어 귓등을 간질였다. 마지막이라는 단어를 마음 속 바윗돌에 새기고 있을지 모를 엄마와 소풍 길을 나서는 나 자신이 타인보다도 더 낯설게 느껴졌다.

어디론가 당장 발사될 것 같은 솜사탕 발들이 옹기종기 모여 영원히 기쁠 것처럼 생기를 뿜어내는 그 순간에도, 우리 모녀만이 그저 묵묵히 맨 마지막 단추를 채우고 있는지도 모를 일이었다. 누추하고 허름한 엄마의 옷에 비뚤어진 단추와도 같은 내가 어쩌면 떼어내 버리고 싶었던 보푸라기였는지도 모르겠다.

"수영아, 엄마는 니땜시 산다. 알았제?"

금붙이라곤 아버지 손에 다 팔려가고 마지막 하나 남은 결혼반지마저 빼앗기던 날, 엄마는 내 작은 어깨를 억세게 부여잡고서 다짐했었다. 설령, 그것이 앞으로 다가올 시련을 잘 넘기게 해달라는 주문이었다고 해도 어린 나는 두려운 눈동자만 굴려댈 뿐 조금도 엄마를 도울 수 없다는 걸 잘 알고 있었다. 닭장 같은 집에서 엄마는 끊임없이 알을 낳는 어미닭이었고, 아버지가 얼마 되지 않는 알을 날름 집어가고 나면 빈 둥지에 남은 건 삐약삐약 처량한 내 울음소리뿐이었다. 아버지에게 내가 있던 곳 말고도 지켜야 할 또 다른 둥지가 있었다는 걸 그 때의 나는 어떻게 알게 된 걸까?

"아나, 이거 함 묵어보그래이."

뽀얗게 속살을 드러낸 삶은 달걀을 들고 엄마가 소녀처럼 웃었다. '칙-' 소리를 내며 시원하게 캔 음료를 따는 엄마의 손길이 조심스럽기까지 했다. 투명한 햇살을 받은 손톱 위로 화사한 벚꽃잎이 내려앉은 것 같았다.

"삶은 달걀엔 이기 찰떡궁합인기라. 거시기, 늬 아부지가 자다가도 벌떡 일어날 만치 좋아하던 거 아니냐이."

"아버지는 무슨 아버지? 그 작자가 내 아버지라고 누가 그래요?"

'짝'소리와 함께 눈앞에 불길이 번쩍했다. 투박한 아버지의 손길이 내 뺨을 스치고 지나간 찰나, 나는 보고야 말았다. 아버지의 자전거 뒤에 올라타서 날 내려다보며 싱긋 웃음 짓던 그 애 얼굴을…….

"시방 니가 아부질 약 올린다냐? 썩 비켜서지 못혀?"

좁은 강둑길에서 마주한 아버지의 자전거 앞을 막고서, 그 자리에 뿌리내린 나무처럼 버티고 서있는 나를 가만히 두고 볼 아버지가 아니었다. 마음 같아선 자전거 뒤에 싣고 가는 저 애를 강물에 버리고 날 태워달라며 고래고래 소리치고 싶었으나, 뜨거운 불덩이를 삼키듯 마른침만 꼴깍거리며 아버지를 쏘아보고만 있었다. 결국, 처음이자 마지막으로 아버지가 나를 안아들어 강둑길 끝으로 옮겨두고서야 씁쓸한 만남은 일단락되었다.

그날따라 충격은 잔잔한 호수의 파문이 되어 연달아 찾아왔다. 붉게 노을 지던 강둑에서 아버지 뒤에 등딱지처럼 붙어있던 사내아이를 본 것만 해도 서러운데, 집에 돌아와 보니 땀에 흠뻑 젖은 엄마가 흠씬 두들겨 맞기라도 한 것처럼 몸져누워 계신 것이었다. 그 때까지 내게 있어 엄마는 일 년 내내 개미처럼 부지런하고 아플 줄도 모르는 분이었는데, 눈물인지 땀인지 범벅이 되어 사경을 헤매는 모습을 발견하고서 나는 어쩔 줄 몰라 했다. 아버지로부터 애꿎은 뺨을 맞고 별빛이 사방으로 튀던 그 순간에도 나오지 않던 닭똥 같은 눈물이 주체할 수 없이 흘러내렸다.

"엄마, 나 아부지한테 얼른 다녀올게."

"놔둬라. 이만하믄 괜찬응게."

가뭄 속에 뉘엿거리는 풀잎처럼 시들한 엄마의 손목이 나를 타일러 붙잡았다.

"하나도 안 괜찮은데, 열이 펄펄 끓잖아요. 퍼뜩 가서 아부지 모셔올게."

"됐다니께, 냅두그라이."

모로 돌아누울 힘도 다 소진한 나머지 고개만 한쪽으로 꺾고 있던 엄마의 쇄골 언저리에 식은땀이 흥건했다.

"내가 잘 얘기하면 아빠도 저번처럼 화부터 내진 않겠지."

"바쁠 것이구먼… 가만두랑게."

"바쁘긴 뭐가?"

불그스레한 석양을 촘촘히 다지며 한가로이 구르던 아버지의 자전거 바퀴가 떠올랐다. 어린 묘목처럼 싱그럽기까지 하던 그 애의 웃음과 뭐가 그리 좋은지 두발을 동동 구르던 모습이 눈앞에 선했다.

"오늘이 그 집 아 귀빠진 날이라더만."

순식간에 아군이 전멸해버린 적진에 홀로 남겨진 기분이 엄습했다. 장대한 산을 관통하는 터널이 기차를 삼켰을 즈음, 나는 잠이 들었다. 아니, 실은 잠든 척 하며 온몸의 세포를 하나하나 일깨워 엄마를 최대한 이해해보려 애쓰는 중이었다. 내 졸업식엔 한 번도 와주지 않았던 그 사람이 진짜 내 아버지가 맞느냐고 따져 묻기엔 엄마의 뒷모습이 너무도 측은했다. 차창 밖으로 칠흑 같은 어둠이 드리웠다. 무언가 보려고 애쓰지 않아도 되는데, 끝내 더는 보고 싶지 않던 것까지 확연히 되살아나는 게 바로 어둠 속이던가. 장막처럼 드리운 어둠을 응시하고 있노라면, 그 속에서 엄마의 치마폭이 느껴진다. 매캐한 향내가 이윽고 코끝을 알싸하게 만든다. 다 잊었다고 여겼던 그 날의 기억이 한편의 수묵화가 되어 먼 데 풍경으로 펼쳐지고 있었다.

"울지 마라. 뭐시 그리 서럽다냐이."

상복 입은 엄마의 무릎에 얼굴을 묻고 나는 하염없이 울었다. 강둑길에서 마주쳤을 때, 세상 그 누구보다 행복한 웃음을 짓던 그 애는 오히려 의연해보이기까지 했다. 아버지의 죽음을 어느 정도 예상했다는 듯이, 의례 사람들의 수군거림 쯤이야 자신의 몫이라는 듯 덤덤하게 자리를 지키고 있었다. 아버지의 영정 앞에서 우는 시늉조차 하지 않던 그 애가, 나는 아버지보다도 더 야속하게 느껴졌다.

"우두커니 있지 말고, 와서 밥이나 먹으래이."

아는 이 하나 없이 홀로 그 자리에 나타난 그 애한테 엄마는 밥을 챙겨주며, 누가 뭐라던 꿋꿋하게 살아가라고 이야기했다. 나는 그 광경을 보며, 파도가 휩쓸고 간 자리에 모래성처럼 그 자리에 허물어져 울고 또 울었다. 아버지에 관한한 모든 걸 누렸던 그 아이에 비해, 한참이나 모자란 애정에 허덕이던 나는 그 자체로 기형이었다. 한참을 삐뚤어졌던 마음이 그나마 제 길을 찾을 수 있었던 건, 그 때나 지금이나 한결같은 엄마의 보살핌 덕분이리라.

"수영아. 다 왔구먼."

어느새 내 가방까지 챙겨든 엄마가 선잠이 들었던 나를 흔들어 깨웠다. 야멸치게 내 뺨을 스치던 손길이다. 엄마의 속마음을 들켜 민망하던 차에 순식간에 벌어진 일이라고 매듭지어놓고도, 알 수 없는 야속함에 엄마의 얼굴을 제대로 바라볼 수 없었다.

"아버지 묘에 가기 전에 방앗간부터 들러보자이."

집을 나서면서도 달팽이 같던 엄마의 걸음이 미끄러지듯 빨라진 것조차 서운하던 나는 단출한 가방이 천근만근이라도 되는 듯 여러 번 추스르며 무거운 발걸음을 옮겼다. 엄마의 고향 귀퉁이 어디쯤 자리한 방앗간은 애초에 계획한 행선지 어디에도 포함되지 않은 곳이었다. 엄마의 음성으로 튀어나온 '방앗간'이라는 말이 스위치처럼 번쩍, 내 안 깊숙한 곳에 움트고 있던 심술보에 불을 밝혔나 슬며시 미열이 오르기 시작했다. 입안은 한가득 모래알을 머금은 듯 까슬거려 간절한 허기마저 잊게 만들었다.

언제쯤 마침표를 찍었는지 모를 유서를 품고, 엄마는 지금 지나온 기억의 단편들을 하나씩 갈무리하는 중인 걸까? 다시 집으로 돌아가기 전에, 반드시 마음을 다잡고 엄마의 결심을 돌려세우리라 다짐하며 몸을 실었던 기차를 떠나보냈다. 우리는 이방인처럼 고향에 당도했다. 역전의 태양은 눈앞에서 파도처럼 부서졌다. 엄마는 해변을 거닐던 소녀처럼 자유분방하게 자란 풀잎 하나를 뜯어 입으로 가져가며 말했다.

"살아생전에 내 이짝으론 눈길도 안 주고 살 줄 알았는디… 살다봉게 눈 딱 감고 허게 되더라마는 뭐시냐, 거시기… 용서!"

"용서요?"

"그려. 말만 고상한 용서 말여."

풀피리였다. 지금은 듣고 싶어도 전혀 되살아나지 않는 기억 속에 아버지가 불곤 했던 풀피리. 어쩌면 엄마는 자연스럽고 소박한 그 모습에 반했을지도 모른다고 추측해보고는 입 밖에 내지 않았던, 그 자체로 아버지인 풀잎이다.

"맨 처음에 마음먹을 때가 버겁제. 한 번 그래놓고 나니께 속까정 후련하당게. 근디 쪼매만 더 빨리 할 걸 그랬어야."

버스는 비포장 길을 달려 이윽고 방앗간 어귀에 다다랐다. 뭉실뭉실 피어난 먼지가 잦아들자, 빛바랜 간판이 눈에 들어왔다. 어렸을 땐 근처에도 올 수 없었던 방앗간이었다.

"저 자리 지키고 앉았는 게 용타, 용혀."

무슨 반가운 손님이라고 엄마는 서둘러 발길을 옮겼고, 나는 황급히 뒤따라가 엄마의 소매를 붙들었다.

"이미 다 지난 일이에요. 용서했다고 하셨으면서, 이제 가서 뭘 어쩌시게요?

어떤 일이 벌어질지 몰라서 불안한 나와 이해할 수 없다는 듯 멀뚱한 시선을 던지는 엄마가 대치하고 섰다. 후텁지근한 공기마저 얼어붙어가던 그 순간, 낡은 쇳소리를 내며 방앗간 문이 열렸다. 그리고, 그 안에서 한 남자가 떡시루를 들고 밖으로 나왔다. 바로 젊은 시절의 아버지 모습이었다.

'아버지?'

남자는 처음으로 어머니의 기일을 챙기게 되었다고 했다. 편리하게도 사람은 기억하고 싶은 부분만을 기워서도 멋진 추억 한 벌을 만들 수 있나보다. 오래된 기억 속의 아버지가 지금 내 앞에 파릇한 시간을 덧입고 나타나 나에게 말을 걸고 있었다. 늙은 아버지의 마지막 모습을 남자를 통해 돌이켜보기란 이미 불가능한 일이었다.

"어릴 땐 나 때문에 많이도 속상했지?"

불쑥 헤아리는 말을 건네는 내 또래의 남자는 아버지의 고향에 머무르며 작게 농사를 짓고 있노라 했다. 엄마는 매년 햅쌀이며 손수 키워낸 채소를 보내준 것에 연신 고마움을 전했고, 나는 부정도 긍정도 하지 못한 채 찰각찰각 분쇄기가 내는 소음에 자투리 생각들을 밀어 넣고 있었다. 아버지가 평생을 이곳에 몸담고 일했기에, 학비걱정을 덜 수 있었다고 털어놓는 엄마로 인해 내 케케묵은 원망은 일순간 부질없어지고 말았다.

"그만하면 되었네."

두두룩이 자리한 봉분 앞에서 남자의 눈물은 그칠 줄 몰랐고, 그 옆에 선 엄마는 남자의 어깨를 가만히 다독여주었다.

"내 새끼도 나헌티는 하늘의 별 같은 존재요, 저 어매헌티 자네도 딱 하나뿐인 별인 게. 인자는 죄스런 마음일랑 버려두시게."

남자는 엄마 앞에 무릎을 꿇었다. 마치, 젊은 시절의 아버지가 시간을 거슬러 엄마 앞에 엄중히 자신의 과오를 뉘우치는 것만 같았다. 그네들 앞에 엄마는 부적처럼 품고 있던 유서를 꺼내 일말의 고민도 없이 시원스레 찢어버렸다. 내가 숨겨왔던 봉투가 언제 제 주인을 찾아간 것인지 알 수 없었지만, 그걸 버리기 위해 엄마는 먼 길을 돌아온 모양이었다.

"인자는 쓸데없게 되었구먼."

언제나처럼 별을 보듯 나를 바라보던 엄마의 얼굴에 그윽한 미소가 번졌다. 엄마와 나의 고향 산천에 푸르른 생명이 움트고 있었다.

어떤 개인 날

임연화
dolbial77@hanmail.net

"김영호 형님 되시는 김광호 씨 맞나요?"

당돌한 여자의 목소리가 오후의 나른함을 깨운다. 고인 물 같은 사무실에 퐁당 소리를 내며 돌 하나가 떨어진 느낌이다. 여자가 이름을 말했지만 익숙한 이름이 아니다. '홍경란'이 누굴까. 여자의 목소리는 종달새 소리를 닮았다. 나를 잘 알고 있고 한 번 만나고 싶단다. 여자가 중학생일 때 나를 봤다고. 내 여동생과 단짝 친구라고 했다. 내겐 여동생이 없는데…… 기억을 더듬고 있는 동안 여자는 종달새처럼 지저귄다.

"한성연을 정말 몰라요?"

여자가 까르르 웃는다. 아, 한성연! 그 애를 동생이라고 생각해 본 적이 없다. 한성연 또한 날 반기는 것 같지 않았다. 어머니가 재혼한 남자의 딸이니 핏줄이 당길 사이도 아니었다. 거기다 내가 일 년에 한두 번 아니면 몇 년에 한 번 어머니에게 갈 때는 학비를 구걸하러 간 거니까 그 애가 날 탐탁하게 여길 리 만무했다. 나를 봐도 말 한마디 하지 않았고 눈을 마주치려하지 않았다. 그 애의 아버지는 노골적으로 나를 밀어내었다. 난 그런 시선을 무시하고 얼마간의 돈을 줄 때까지 그 집에서 버텼다. 그때 난 어떻게든 고등학교까지는 마쳐야한다고 생각했으니까.

그 애를 마지막으로 본 게 30여 년 전이다. 성연이를 떠올리니까 홍경란이 어렴풋이 떠오른다. 성연이 옆에 붙어 다니던 아이. 성연이와 다르게 잘 웃고 서슴없이 내게 이것저것 묻던 아이. 내가 다니는 학교의 남학생과 펜팔하고 싶다고 조르기도 하고. 그래, 얼굴이 동그랗고 귀여운 아이였어. 하얀 칼라의 감색 교복이 잘 어울리던 여중생. 성연이도 홍경란과 둘이 있을 때는 또래 여학생들처럼 말도 많이 하고 웃기도 했다.

전화기를 내려놓고 나니 살갗에 와 닿는 공기가 신선하다. 그렇게 긴 통화가 아니었는데도 아주 오래 전화를 받은 듯 주위가 달라 보인다. 한 번도 경험해보지 않았고 나를 흔들어보지 않았던 은밀한 느낌이 나를 향해 다가오고 있는 것 같다.

여기는 직원이라야 안내와 잡무를 맡고 있는 여직원과 경기장 시설 관리하는 기능직 남자 직원 하나, 그리고 나, 셋 뿐인 작은 사무실이다. 변화가 있을 여지가 없는 매양 똑같은 업무의 반복이다. 오래 전에 이런 한직으로 밀려난 내가 전화 한 통에 고인 물 밖으로 튀어나간다. 아니 조금 위로 튀어 오른다. 금방 고인 물 속으로 다시 떨어지겠지만 공중에 떠 있는 이 잠깐의 시간이 너무 좋다. 크고 맑은 물방울 하나가 내 몸을 타고 굴러다니는 것 같다. 이 시간을 늘릴 수만 있다면 내 목숨을 내놓아도 좋다. 돈으로 연명하는 병든 내 몸이야 언제 어디에 내놓아도 아까울 건 없지만 그래도 모두들 목숨이 가장 귀한 거라고 하니까 이 귀한 목숨을 기꺼이 내놓고 악마와 흥정이라도 하고 싶다. 이미 내 몸은 병이 깊어져 몇 차례 수술을 받았다. 몸의 신장 하나 떼어버리고 인공 신장기로 사는 처지에 가슴 뛸 일이 어디 있다고 이렇게 호흡이 가벼워지나. 한 달에 한 번 서울로 약 처방 받으러 가는데 그때마다 정말 가기 싫었다. 이번에는 그날이 기다려진다. 다음 주 서울에서 홍경란을 만나기로 했다. 병원 가는 일 덕분에 빨리 자연스럽게 만날 수 있게 되었다.

퇴근 준비를 한다. 각 경기장의 문들을 단속하고 혹시 나가지 않고 있는 운동선수들이 있는지 다시 한 번 방송하도록 여직원에게 지시한다. 나도 나가서 경기장을 대충 둘러본다. 경기장에 모여 있는 의자들은 빈 것들끼리 마음을 나누는지 누군가 의자에 앉아 있는 것처럼 꽉 차 보인다. 경기장 주위에 둥그렇게 모여 앉아 서로의 빈 자리를 바라봐주고 있는 모습이 쓸쓸해 보이지 않는다. 어머니가 재혼했어도 우리 형제가 어머니와 함께 살았다면 그렇게 외롭지 않았을 텐데.

어머니가 영호와 나를 이모 집에 남겨 두고 떠날 때 영호는 울고불고 하면서 어머니를 따라 멀리까지 갔지만 난 대문 앞에서 꼼짝도 하지 않았다. 내가 마음만 먹고 하지 못하는 걸 영호는 행동에 옮겼다. 영호는 결코 잘 생긴 외모가 아닌데도 주위에 여자가 많았다. 난 누군가를 가슴 저미게 사랑해 본 기억이 없다. 아내가 어머니처럼 내게 다가와 튼튼한 남자로 키워줄 테니 한 집에 살자며 적극적으로 청혼하지 않았다면 결혼도 못 했을 거다. 그런데 홍경란의 목소리가 고인 물에 파랑을 만들고 있다. 이름조차 까마득했던 그녀가 무심코 던져 주고 간 추억의 조각들이 내 무의식의 창고 여기저기를 두드린다. 그 어두컴컴한 창고 속에는 그녀와 함께 했던 장면들이 생각보다 많았다. 그녀가 던져 준 추억들은 유사한 추억들을 건드려 깨우고 불빛을 비춘다. 환하게 떠오르는 장면들이 있다.

하얗게 눈이 쌓인 벌판에서 홍경란과 성연이와 내가 눈싸움을 한다. 홍경란이 날 향해 크게 뭉친 눈 덩이를 던진다. 나도 눈을 뭉쳐 마주 던지다가 도망가는 그녀를 보고 달려가 옷 속에 눈을 마구 집어넣는다. 깔깔대던 그녀가 그만하라고 소리 지른다. 나는 계속해서 그녀의 코트 깃을 잡아 당겨 등 쪽으로 눈을 집어넣는다. 그녀가 몸부림치다가 울음을 터뜨린다.

홍경란이 논틀길을 걷고 있다. 가다가 서서 얼음판이 된 논에 한 발만 올려놓고 살짝살짝 구른다. 살얼음인지 금방 얼음이 깨진다. 그녀는 발이 젖기 전에 구르던 발을 거두어들인다. 그녀가 다시 얼음판에 발을 올려놓는 순간 나는 그녀의 어깨를 누른다. 그녀의 한 발이 얼음을 깨고 물 속으로 쏙 들어간다. 놀란 그녀가 발을 빼내고는 젖은 발을 동동 구르며 운다. 왜 그랬을까. 매사에 소극적인 내가 그녀에게 왜 그렇게 난폭하게 굴었을까. 그녀도 그걸 기억하고 있을까. 나와는 도무지 어울리지 않는, 그냥 내가 본 영화 속 한 장면 같은 추억이 내게 있었다는 게 신기하다. 그런 걸 기억하고 떠올릴 수만 있었어도 내 인생이 좀 달라지지 않았을까.

집에 오자마자 안방에 깔아 놓은 이불 위에 휘청거리는 몸을 누인다. 두 아이가 내게 건성으로 인사하는 게 다행이다. 아픈 나를 보는 것이 지겨워진 아이들에게 되도록이면 휘청거리는 나를 보이고 싶지 않다.

평소보다 일찍 퇴근한 아내가 금방 잠자리에 든다. 아내는 식당 일이 힘들어 앓는 소리를 하면서도 매일 무협지를 읽었는데 오늘은 책을 거들떠보지도 않는다. 내게 등을 보이고 있는 아내를 무심히 쳐다본다. 산 같은 아내의 어깨선을 쓰다듬어 본다. 문득 내가 언젠가 지금과 똑같은 행동을 한 것 같은 느낌이 든다. 작은 어깨를 쓰다듬던 내 손, 작은 등을 어루만지던 내 손, 꼬물거리며 저항하던 작은 몸. 컴컴한 방. 내가 이불 속에 손을 넣어 더듬던 작은 몸은 누구였을까. 내 옆에 누워 있던 어린 여자 아이가 성연인지 홍경란인지 아니면 다른 여자 아이인지 모르겠다. 내 몸이 터질 것 같아 잠을 못 이루던 밤…… 갑자기 내 몸에서 힘이 솟는다. 아내의 산 같은 어깨를 무너뜨린다. 마땅치 않아 하는 아내의 태도에도 아랑곳하지 않고 알 수 없는 힘의 위력을 시험해본다. 싫다고 손을 내젓는 아내를 몸으로 누르고 아내의 젖가슴에 얼굴을 비빈다. 아내의 축 늘어진 가슴을 입술로 더듬으며 젖꼭지를 찾는다. 젖 모자라는 아기처럼 아내의 젖꼭지를 혀가 아플 정도로 빨아들인다. 찝질한 맛이 온몸의 신경을 자극한다. 얼마 만에 느껴 보는 힘인가. 힘을 받은 게 나의 것인지 믿어지지 않는다. 어딘가 좁다란 틈을 비집고 들어가고 싶어 안달이다. 아내는 이제 저항하지 않고 몸을 내게 맡긴다.

내가 아프기 전까지는 아내가 지금의 나처럼 힘차게 나를 점령해나갔다. 아픈 후로 내가 힘을 쓰지 못하니까 아예 내 몸을 건드리지도 않았다. 어쩌다 내가 남편의 의무를 다 하겠다고 다가갔지만 곧 풀이 죽어버리는 내 물건 때문에 아내는 달아오른 몸을 식히느라 힘들어했다. 힘겨운 자위로 몸을 식힌 아내가 조용히 내게 말했다. 날 건드리지 말아줘, 제발! 아내는 그 후부터 아주 열심히 무협지를 읽었다. 소림권왕, 운한소회, 사마쌍협, 사자후, 하얀 늑대들··· 아내는 몸을 휙휙 날리며 번쩍이는 칼날을 시원스레 휘두르고 싶은 욕망을 마음 깊은 곳에 꾹꾹 눌러 담고 살아가는지도 모른다.

아내의 입으로 혀를 밀어 넣자 아내의 몸도 조금 반응을 보인다. 나는 힘차게 아내의 몸으로 밀고 들어간다. 반신반의 하던 아내의 몸이 점차 격렬하게 움직인다. 조금 겁이 난다. 이게 꿈인가. 아내와 내가 함께 몸을 출렁이며 힘을 써보던 때가 언제였나. 나에게 성욕이 있기나 한 건가 의심하며 살아왔다. 사람과 사람 사이에 이런 힘찬 몸의 언어가 있단 말이지. 내가 모르는 열락의 세계가 몸과 몸 사이에 있단 말이지. 나도 믿을 수 없는 이런 느낌이 행여 금방 사라질까 아내와 내가 조심스럽게 신음을 토해 낸다. 몸이 금방 터질 것만 같다. 아내와 나는 마지막 힘을 모아 서로의 몸속을 뚫고 들어가 한 몸이 되어 몸을 비틀며 격렬한 춤을 춘다. 팽팽한 두 몸이 부딪혀 터지는 아픔이 엄청났지만 그 아픔은 곧 최고조에 달한 희열의 다른 이름일 뿐이다. 목울대가 얼얼하도록 울음이 터져 나온다. 아내와 나는 얄팍해진 서로의 몸을 어루만지며 목 놓아 운다. 우리가 흘린 눈물이 강을 이룬 자리에서 혼곤히 잠에 빠져 든다.

누추한 중국 거리 한 귀퉁이, 좁은 방 한 쪽에 빈 관이 하나 있고 뚜껑 위에 장미꽃 한 송이 놓여 있는 영호의 방, 그 옆에서 진땀 흘리며 누워 있는 영호, 간혹 음울하게 웃기도 하는 영호가 보인다. 아직도 열락의 쾌감이 여진처럼 날 흔드는데 생뚱맞게 영호의 우울한 모습이 왜 자꾸 어른거리는 걸까. 아내의 따뜻하고 축축한 몸을 안고 다시 잠을 청한다.

"어머나! 오빠 왜 이렇게 늙었어요?"

나를 알아본 홍경란이 토끼 눈을 뜨고 목소리를 높인다. 홍경란의 목소리는 조금도 나이 먹지 않았다. 눈가에 잔주름이 있고 몸에 살이 좀 붙긴 했어도 예전의 귀여운 모습이 많이 남아 있다. 홍경란은 혼자 계속 말을 한다. 자기 사는 얘기는 지지리 궁상이라 하기 싫다고 성연이 얘기를 한없이 늘어놓는다. 홍경란이 좀 과장해서 얘기한 부분도 있을 테지만 얘기의 거품을 많이 빼버린다 해도 성연이 보통 사람의 행복을 누리며 살고 있는 것만은 틀림없다. 우리 형제는 지금껏 모두 제 자리를 못 찾고 힘들게 살고 있는데 성연이는 남들처럼 잘 살고 있다니 기분이 묘해진다.

"저기…… 영호 소식 좀 알 수 없을까요?"

홍경란의 말소리가 갑자기 낮아지고 조심스러워진다. 영호 소식을 묻는 홍경란의 표정이 너무 진지하고 간절해서 좀 당황한다. 영호를 어떻게 아나? 둘이 무슨 사이인가? 언제 만난 적이라도 있나, 물어보지 않을 수 없었다. 홍경란이 갑자기 사춘기 소녀처럼 수줍어하며 영호와 있었던 얘기를 한다. 영호는 그녀의 첫사랑이고 지금까지 그 사랑이 변한 적 없었다고. 홍경란은 영호와 얼마나 친밀했는지를 내게 알리려고 애를 쓴다. 그런데 영호가 중국 가기 전에 홍경란에게 친구 이상의 감정은 가져보지 않았다고 말했단다. 홍경란은 내게 따지 듯 물었다.

"남자는 좋아하는 여자에게 더 짓궂게 군다면서요?"

무슨 소린가 싶어 대답을 못하고 홍경란의 얼굴만 쳐다본다. 그녀는 눈물까지 글썽이며 말한다. 그녀가 중학생일 때 영호와

성연이랑 셋이 아주 친하게 지냈다고. 가끔 영호는 좀 심하게 장난을 쳤는데 예를 들면 눈싸움 하다가 옷 속에 눈을 집어넣거나 얼음물에 빠뜨리거나 치마를 들어올리기도 했고 미끄러운 길에서 밀어 넘어뜨리기도 했다고.

난 자꾸 목이 타서 컵의 물을 다 마시고 더 달라고 했다. 머릿속이 뒤죽박죽이 되어 어지럽다. 내가 기억하는 건 누구의 일인가. 홍경란이 영호 얘기를 할수록 어지럼증이 심해진다. 구토가 날 듯 시큼한 것이 목을 타고 올라온다. 자꾸 침을 삼키며 그녀의 말을 듣는다.

"저기, 영호가요, 그때, 나를 말이죠…… "

이런! 어디서부터 잘못된 거야. 홍경란는 영호가 그랬다고 말한다. 영호가 그녀의 어깨를 쓰다듬었고 어둠 속에서 어린 그녀의 손을 꼭 잡아주었다고. 영호도 좋아서 그런 것 아니냐고 묻는다. 누가 뭐래도, 아무리 세월이 흘러도 영호는 자신의 유일한 사랑이 될 거라고 야무지게 말한다.

더 이상 종달새는 날지 않는다. 종달새 소리도 들리지 않는다. 크고 맑은 물방울은 내 몸 어느 구석에 떨어져 흔적도 없이 사라졌다. 다시 익숙한 구름이 모여 든다.

이게 최선입니까?

오승경
ohskk@hanmail.net

민호는 깜박이는 모니터 화면을 들여다본다. 벌써 자정이 가까운 시간이다. 퇴근 시간이 지난 후에도 장장 여섯 시간 동안 꼼짝 않고 자리에 앉아 있었다. 책상 한 구석에는 저녁에 먹다 남긴 샌드위치 한 조각이 놓여 있다. 회사 건물 일 층 편의점에서 구입했는데 그다지 맛이 좋지 않아 먹다 말았다. 사실 스트레스 때문인지 입맛도 별로 없기는 하다. 민호는 보고서 내용을 마지막 페이지까지 검토한 후 커서를 제일 앞으로 돌려 다시 한 번 꼼꼼하게 읽어본다. 졸업 전 대학에서 과제로 발표했던 그 수많은 보고서들보다 훨씬 양호하다고 생각한다. 이 정도만 했더라도 좀 더 나은 학점을 받을 수 있었을 텐데……. 그럼 여기보다 더 규모도 크고 복리후생도 좋은 회사에 취업할 수 있었을까? 민호는 자리에서 일어나 두 손에 깍지를 껴서 머리 위로 들어 올리며 길게 기지개를 켠다. 그리고는 다시 자리에 앉아 고개를 약간 뒤로 젖히고 두 눈을 감는다. 지금쯤 동기 모임은 끝났을까? 끝났겠지? 민호는 고개를 위로 쭉 뺀 후 오른쪽으로 그리고는 방향을 바꾸어 왼쪽으로 천천히 돌려 본다. 목에서 우드드득 천둥이 친다. 고3 시절에도 이렇게 늦게까지 책상에 앉아 있던 적은 없었지 싶다. 민호는 보고서를 출력해서 스테이플러로 찍은 후 이 대리 책상 위에 올려놓는다. 똑똑 문을 두드리는 소리가 들린다. 익숙한 얼굴의 경비아저씨가 이제 곧 열두시가 되면 건물 보안 시스템이 작동된다고 말한다. 이 방은 보안 시스템을 꺼둘까요? 아저씨의 말에 민호는 자리에서 일어나 어깨에 양복 재킷을 걸친다. 아니요, 저도 오늘 하루 시마이입니다.

"김민호 씨."

카랑카랑한 이 대리의 음성에 고요한 사무실 아침 공기가 흔들린다. 사람들의 시선이 파티션 위로 올라와 잠깐 이 대리와 민호를 향하다 다시 아래로 내려간다. 민호는 자리에서 일어나 이 대리에게 다가간다. 이 대리의 책상 위에는 민호의 보고서가 놓여 있다. 어제 밤늦은 시간까지 저녁식사도 샌드위치로 때우면서 작성한 보고서다. 이 대리의 목소리는 낮지도 높지도 않다. 빠르지도 느리지도. 보고서가 마음에 들었을까? 아닐까? 자신의 자리에서 이 대리의 책상까지 걸어가는 찰나의 시간 동안 민호의 머릿속에는 수많은 생각과 추측이 관통하기도 똬리를 틀기도 한다. 이 진영 대리. 평상시에는 썰렁한 농담도 간혹 하고 웃기도 잘 하는데 오늘 그의 표정은 목소리와 마찬가지도 말이 없다. 보는 각도에 따라 웃는 듯도 찡그린 듯도 보인다. 아니 입 꼬리가 살짝 올라간 게 저 표정은 웃는 얼굴에 가깝다. 그렇다면 내 보고서가 마음에 든 걸까? 하긴 어제 그렇게 늦게까지 고생 했는데. 하지만 미간에 잡힌 저 주름은 뭐지? 가만히 보니 눈초리가 위로 올라간 듯도 하다. 그럼 저건 비웃음?

"어제 늦게까지 야근했다며?"

일단 목소리에 날이 서 있지는 않다. 여전히 표정 없는 말투지만 굳이 따진다면 부드러운 쪽에 가깝다. 알아주기를 바란 건 아니지만 그래도 동기모임 있는 날, 다른 동기들 다 술 마시고 클럽 가서 젊음을 불태울 때 홀로 사무실 책상에 앉아 야근한 걸 상사가 알아주다니 왠지 횡재한 기분도 든다. 민호는 어깨를 쫙 펴며 만면에 미소를 짓는다. 신입이 열심히 일하는 걸 싫어할 상사는 없을 것이다. 얼굴에 와 닿는 공기가 문득 신선하다.

"네, 부족하지만 최선을 다했습니다."

사실 별로 부족하다는 생각은 들지 않는다. 하지만 사람은 겸양의 덕을 갖춰야 하지 않겠는가. 아무리 자신 있더라도 들어온 지 얼마 안 되는 신입이 과하게 당차면 선배들에게 밉보일 수 있다. '부족하지만' 이라는 겸손한 태도로 선배에게 접근하며 고개를 숙이면 그들도 '아니, 이게 뭐가 부족해? 그 짧은 시간 안에 이렇게 훌륭한 보고서를 작성하다니.' 라며 감탄할 것이다. 왜 성서에도 있지 않은가? 자신을 스스로 높이는 자는 낮아지고 낮추는 자는 높아지리라고. 아니 노자였던가? 아무튼.

"내가 말하지 않았던가? 최선 다할 필요 없다고."

"네?"

이 대리의 목소리는 여전히 중립적이다. 파티션 아래 숙인 고개들 사이로 웃음이 가득한 시선이 재빠르게 오간다. 뭐지? 민호는 아드레날린을 최대한 분비하며 머리를 급하게 회전시킨다. 뭐가 잘못된 거지? '최선을 다했습니다.' 이게 문제인 건가? 내가 말실수를 했나? 아니면 최선 다할 필요 없는데 지나칠 정도로 훌륭하게 보고서를 잘 만들었다. 이런 뜻인가? 그럼 칭찬인가? 과유불급. 그러니까 늦게까지 야근하면서 이렇게까지 안 만들어도 된다 이런 말인가? 근데 내 보고서가 그 정도로 굉장한가? 근데 웃음을 참는 듯한 직원들의 표정은 뭐지? 지금 나 가지고 장난치는 건가?

"왜 사람들이 계란을 한 바구니에 담지 말라고 하잖아. 난 그게 우리 인생도 마찬가지라고 생각해. 민호 씨 연애 안 해? 이제 회사도 들어왔으니까 연애도 하고 결혼도 하고 가정도 꾸리고 그래야지. 그러면서 틈틈이 취미활동도 하고. 인생 한 번 사는 거 회사에만 얽매여 있으면 그거 너무 불행하다고 생각하지 않아?"

"네?"

"난 말이야. 너무 일에만 몰두하는 후배들, 별로 안 좋아해. 물론 우리 사장님이야 그런 친구 예뻐할지 모르겠지만. 자기 생활 없이 일에만 매달리는 워커홀릭들. 회사 일이라면 무조건 자기 개인 생활 희생하며 헌신하는 족속들. 그러면서 최선을 다했다 어쨌다 하는."

복잡하게 머릿속 시냅스를 오가던 전자회로가 멈추며 작은 전구 하나가 반짝 빛을 밝힌다. 그러니까…… 지금 이 대리는 자신을 질투하고 있다. 입사한 지 얼마 되지도 않은 신입이 몸 바쳐 늦게까지 야근하고 이렇게 번지르르한 보고서를 뚝딱 만들어서 책상 위에 올려놓는 걸 보니 자기 위치가 흔들린다 싶었나 보지? 입사한 지 오래 되지는 않았지만 이 대리가 얼마나 워커홀릭인지는 풍문으로 들어 잘 알고 있다. 그런 사람이 후배보고 열심히 일하지 말라고? 왜? 내가 무섭나? 풋.

광 하고 책상을 내리치는 소리에 민호는 잡다한 상념에서 벗어난다. 책상 위에 이 대리의 주먹이 내려와 있다. 그리고 그 주먹 밑에서 자신의 보고서가 얼굴을 내밀며 비명을 지르는 중이다. 민호를 바라보던 이 대리의 둔탁한 시선이 순간 날카롭게 벼린 칼날처럼 번뜩인다. 꿈틀거리는 근육의 움직임으로 미루어 보아 그의 얼굴에는 미소가 어리는 중이다. 부서지는 햇살 아래 뛰노는 어린 아이의 미소와는 또 다른 무엇이다. 저것도 미소라 할 수 있을까? 인간의 미소가 저렇게 서늘할 수 있을까? 이 대리는 나지막한 목소리로 으르렁거린다.

"그니까, 앞으로 이따위 보고서 만들어 오면서 최선 어쩌고 하면 죽을 줄 알아. 여긴 회사야. 학교가 아니라고. 졸업한 지 얼마 되지 않아 아직 학생 마인드를 못 벗었나? 여기서 니 최선 따위는 필요 없어. 최선이 아니라 무조건 최고로 만들어 와. 니가 야근을 하든 칼퇴근을 하든 난 관심 없어. 근무시간에 인터넷만 하고 놀아도 잔소리 안 할 테니까 정해진 기일 내에 최고의 보고서를 만들어 올리라고. 최선 나부랭이 따위 읊조리지 말고. 알아듣겠어?"

여기저기서 픽 웃는 소리가 들린다. 오가는 시선 속에 가득했던 웃음은 어느새 직원들의 눈가를 지나 입가까지 내려와 있다. 어이, 이 대리, 거 좀 살살 하지. 이제 막 들어온 햇병아리 신입한테……. 앞자리에 앉아 있는 김 대리가 웃으며 말한다. 혼내는 시어머니보다 말리는 시누이가 더 밉다고. 그렇다고 조금 전과 표정 하나 달라지지 않고 앉아 있는 이 대리가 예쁜 건 아니지만 옆에서 피식거리는 선배 직원들도 하나같이 맘에 들지 않는다. 내 잘못이 아니야, 그 정도면 나쁘지 않아 라고 조그맣게 되뇌어 보지만 어느새 얼굴은 화끈 달아오른다. 민호는 가만히 오른손을 들어 뺨에 대 본다. 누구에게 따귀를 맞은 것처럼 뜨거운 열기가 손바닥을 통해 전달되어온다. 세 치 혀로 따귀를 맞을 수 있다는 것. 그럴 수도 있겠다 싶은 적은 있지만 직접 당하니 견디기 어려웠다. 천천히 속으로 숫자를 세 보지만 달아오른 얼굴은 식을 줄 모르고 가빠진 호흡 때문인지 숨쉬기도 버겁다. 민호는 조용히 사무실 문을 열고 복도로 나온다. 등 뒤에서 킬킬거리는 동료들의 비웃음이 금세라도 자신을 통째로 집어삼킬 것만 같다.

민호는 자판기가 있는 방향으로 걸음을 옮긴다. 담배 생각이 간절했지만 건물 전체가 금연구역이라 담배를 피려면 건물 바깥으로 나가야 한다. 직급이 있는 직원들이야 건물 옥상으로 올라가 담배를 피지만 민호 같은 신입은 선배들 눈치가 보여 그조차 쉽지 않다. 니코틴 대신 카페인을 듬뿍 섭취해서 달아오른 뇌를 식히리라 생각하며 걸음을 옮기던 민호의 시야 안에 입사동기인 영미가 들어온다. 영미는 동기 중 단연 눈에 띄는 여직원이다. 어린 아기처럼 잡티 하나 없는 깨끗한 피부에 립스틱을 진하게 바르지 않아도 안에서부터 붉게 차오르는 입술색은 동화 속 백설공주를 연상시킨다. 게다가 다른 사람의 말을 들을 때에는 머리를 5도 정도 오른쪽으로 기울이며 고개를 연신 끄덕거려주고 어머, 이런, 세상에 등 적당한 추임새를 쉴 새 없이 넣어 주기에 그녀 앞에서는 아무리 재미없는 이야기라도 한참을 신나게 떠들 수 있었다. 그런 영미가 조그마한 쟁반을 한 손에 들고 자판기 커피를 여러 잔 뽑아 쟁반 위에 올려놓고 있다. 인기척을 느낀 영미는 민호를 발견하고 가볍게 눈인사를 한다. 가장자리에 살짝 주름이 잡히며 고운 두 눈이 같이 웃는다.

"아니, 영미 씨, 이게 뭡니까? 지금 커피 심부름 하는 거예요? 아니 시대가 어느 시댄데 여직원에게 이런 걸 다 시킵니까? 홍보실 선배들 거 그렇게 안 봤는데 너무 하네요."

민호의 목소리는 어느새 격앙되어 있다. 방금 전 사무실에서 킬킬거리며 자신을 비웃던 선배 직원들의 얼굴이 떠오른다. 그들이 공중으로 둥실 떠올라 영미를 감싸며 커피나 복사 등 잡다한 심부름을 시키는 모습이 그려진다. 착하디착한 영미는 선배들에게 이리저리 휘둘리면서 시키는 대로 신데렐라처럼 일하는 장면도. 기획실이나 홍보실이나 거기서 거기지. 겉으로는 후배 직원 감싸주는 척 하면서 사실은 사사건건 트집이나 잡고 잡일만 시키고.

"어머, 민호 씨. 아니에요. 이건 누가 시킨 게 아니라 그냥 제가 하는 서비스예요. 서비스. 선배들 아침에 커피 한 잔 하시고 기운차게 하루 시작하시라는."

"허, 참. 영미 씨. 그렇게 안 봤는데……. 그러니까 여직원이 아직도 사회적으로 그런 대우 받는 거예요. 사무실의 꽃이 아니라 당당한 일원으로 인정받으려면 아침부터 이렇게 커피 서비스는 하지 말라고요."

커피를 뽑던 영미의 손놀림이 순간 멈칫한다. 괜한 말 했나? 영미 씨가 화를 내면 어쩌지? 민호는 한 손을 들어 마른세수를 한다. 아무리 입사 동기라 해도 아직 그리 친한 사이도 아닌데 말은 좀 가려 할 걸 그랬나? 그런 민호의 앞에 자판기 커피 한 잔이 불쑥 다가온다. 영미가 커피 한 잔을 민호에게 내밀며 웃는다.

"좀 더 일찍 나오지 그랬어요? 벌써 석 잔이나 뽑았는데……. 한 잔은 제가 마시고 다른 한 잔은 민호 씨가. 나머지 한 잔은 어쩌죠?"

해사하게 쏟아지는 햇볕 사이로 쟁반을 들고 서 있는 그녀가 웃는다. 눈부신 건 태양이 하늘 위로 달려가기 때문일까? 혹 그녀의 하얀 치아가 태양보다 눈부신 건 아닐까? 저 치아 사이에 숨어 있는 붉은 불덩이를 끄집어내고 싶다. 맛보고 싶다. 하나가 되고 싶다. 뭉게뭉게 피어오르는 꿈결 같은 상상 안에서 민호는 부유하고 있었다. 짜릿한 경험이었다. 그 때 민호의 귓가에 천상의 아리아 같은 영미의 목소리가 들려온다.

"사수가 이 대리님이라면서요? 어제 동기모임 때 들었어요. 다들 부러워하는 거 알아요?"

다디단 꿈들이 와장창 깨어진다. 이 대리? 그 사악한 미소천사? 자애로운 미소를 지으며 후배가 공들여 만든 보고서를 허공에 날려 보내는? 최선이 아니라 최고를 가져와. 내가 최고를 가져오랬지 언제 최소를 가져 오랬어? 라며 후배를 잘근잘근 밟아 놓는. 민호는 곁눈으로 영미를 바라본다. 반어법인가? 이 대리가 사수라 고생이 많겠다는 말을 저렇게 돌려서 말하는 건가? 하지만 투명한 영미의 두 눈에는 진심어린 순수가 담겨 있다. 저런 눈동자로 농담을 한다면 아무도 농담이라 눈치 채지 못하리라.

“작년에 입사한 선배 스물다섯 명 중 여섯 명이 정규직에서 탈락했대요. 우리도 스무 명이 같이 들어왔지만 내년 이맘때 쯤 몇 명이나 웃을지 아직 몰라요.”

민호는 커피를 다 마신 종이컵을 한 손으로 우그러뜨려 자판기 옆 휴지통에 던진다. 허공으로 날아가던 종이컵은 휴지통 모서리에 맞고 밖으로 떨어진다. 젠장. 민호는 뚜벅뚜벅 걸어가 종이컵을 집어 휴지통 안에 넣는다. 오늘은 되는 일이 하나도 없다. 갑자기 목이 탄다. 민호는 쟁반 위에 놓인 커피 한 잔을 들어 한 번에 마신다. 뽑은 지 시간이 좀 지나서인지 커피가 뜨뜻미지근하다. 카페인을 한 번에 들이부어도 낮게 가라앉은 기분은 깨어날 줄 모른다. 카페인보다는 니코틴과 알코올이 절실하다. 젠장. 민호는 다시 한 손으로 다 마신 종이컵을 우그러뜨린다. 계약직 1년. 분명히 임용서류에 그렇게 쓰여 있었던 것 같다. ‘계약직 1년 후 정규직 전환 가능’이라고도. 그렇다. 정규직으로 전환 가능할 수도 있지만 그렇지 않을 수도 있다. 왜 난 한 번도 그 생각을 안 해 봤을까? 왜 당연히 1년 뒤에는 정규직으로 전환되리라 확신했을까. 물론 정규직 탈락자보다는 정규직 전환 인원이 더 많기는 하다. 하지만 그게 반드시 자신이 정규직으로 전환된다는 의미는 아니다. 그럼 난 뭐지? 1년간 여기서 이렇게 개고생하고 다시 입사원서를 써야 하나? 여기저기 서류를 찔러 넣고 면접을 보러 다니고 그래서 다시 계약직으로 입사한 후 그러다 또 정규직 전환에서 탈락한다면? 숨이 막힌다. 얼굴에 질척하게 달라붙는 공기에 모공 하나하나가 모조리 막혀 오는 느낌이다.

"그래도 이 대리님이 맡은 신입 중에는 정규직에서 탈락한 사람이 하나도 없대요. 워낙 스파르타식으로 교육하시니까. 다음 인사 정도에 이 대리님 과장으로 승진하시면 더 이상 신입직원 사수역할은 안하시니까. 민호 씨가 아마도 이 대리님이 맡은 마지막 신입이 아닐까 싶어요."

주위를 무겁게 짓누르던 공기가 갑자기 열어진다. 제 사수는요, 홍보실 박 대리님인데요, 무조건 좋다 그러면서 정작 회의할 때는 발언권도 잘 안 주세요. 보고서 올리면 잘했어 그러면서 한 번 쓱 훑고는 다시 쳐다보지도 않구요. 그래서 커피라도 바치면서 대리님 마음을 잡아야 하지 않을까 싶어서……. 저 바보 같죠? 그렇다고 정규직이 되는 것도 아닌데……. 고막의 울림을 통해 뇌 깊은 곳에 자리 잡고 둥둥 울리던 영미의 목소리가 민호의 머릿속에서 점차 멀어진다. 보고서. 그래, 보고서. 이 대리님이 다시 수정해서 올리라고 그랬지. 민호는 손에 들고 있던 찌그러진 종이컵을 휴지통을 향해 던진다. 포물선을 그리며 날아간 종이컵은 휴지통 안으로 매끄럽게 들어간다. 영미 씨, 미안해요. 제가 급한 보고서가 있어서. 오늘 커피 잘 마셨어요. 대신 다음에 제가 밥 한 번 쏠게요. 민호는 급하게 사무실을 향해 발걸음을 옮긴다.

문이 열린다. 인사팀 직원이 더벅머리에 두꺼운 뿔테 안경을 쓴 남자를 인솔하여 들어온다. 마치 졸업앨범이라도 찍는 날처럼 몸에 걸친 양복이 부자연스럽다. 기획실에 배정된 신입사원이라 한다. 김 대리, 후배 생겨 좋겠네. 옆자리 선배 직원들이 반쯤 놀리는 목소리로 축하 인사를 건넨다. 1년 계약직이라 한다. 정규직 전환은 1년 후 업무 실적 평가점수에 의해 결정된다고 한다. 인사팀 직원은 사무실에 그 직원을 인사시킨 후 민호에게 데려와 신입의 사수를 맡아 달라 한다. 신입은 신입이라 얼굴엔 아직 앳된 기운이 가득하다. 양복을 벗기고 청바지에 티셔츠를 입히면 누가 봐도 대학생이다. 잘 부탁해요. 민호가 웃으며 악수를 건넨다. 신입이 두 손으로 민호의 손을 잡으며 크게 외친다.

"네, 선배님. 최선을 다해 열심히 일하겠습니다. 잘 부탁드립니다."

문득 민호와 신입을 바라보는 이 진영 과장의 시선이 느껴진다. 따스함과 격려의 기운 속에 양념처럼 어려 있는 장난기. 민호는 고개를 돌려 이 과장의 시선을 마주 본다. 서로의 입가에 어느새 미소가 한가득 어린다.

고향 1. 분기점에서

전성옥
gaeulbe@hanmail.net

짙은 안개였는지 거미줄처럼 가는 빗발인지는 알 수가 없다. 올려다보면 초가을의 검푸른 산은 자욱한 안개비에 싸여있다. 하늘 끝자락에서 시작 된 안개는 사람의 마을을 향하여 느릿느릿 퍼져 내리고 그 습기에 내 몸은 눅눅히 젖어들고 있다. 다섯 살박이 어린 나는 초록색 꽃무늬가 찍힌 빵봉지를 쥐고 있다. 내 얼굴만큼 커다란 버터빵은 아직 한 입도 베어 물지 않은 채 그저 손에 꼭 쥐여져만 있다. 아버지의 얼굴에는 표정이 없다. 산만큼이나 깊은 생각에 잠겨 어린 나의 손을 잡고 묵묵히 산길을 오르고 있을 뿐이다. 신고 있던 분홍고무신이 젖은 흙에 자꾸 미끄러진다. 아버지가 나를 안아 올렸고 나는 아버지의 목을 안고 뒤로 멀어지는 산 자들의 마을을 본다. 아버지의 등 뒤로 안개가 번져 내리며 산 자들의 지붕에 흐리게 쌓이고 있다.

악명 높은 기묘년 흉년에도 손바닥만 한 청어구이가 올려 진 독상을 받았던 오백석지기의 막내아들 내 아버지가 낯선 도시, 낯선 산 속으로 산지기가 되어 들어오고 있다. 변변한 세간 하나 없이 눈빛 맑은 자식 일곱만 오롯이 데리고서…… 아버지의 고향은 그렇게 끝이 났고 나의 고향은 이제 막 새로이 시작되고 있다.

양철지붕을 이은 두 칸짜리 방에는 신문지 조각 하나 깔려 있지 않다. 먼저 도착한 식구들이 어린 막내가 춥고 습할까 미리 아궁이에 불을 넣었나 보다. 황토바닥이 따끈하다. 풀을 썰어 넣은 새 황토가 발린 방바닥은 여기저기 터져 갈라지고 실금도 수없이 그어져 있다. 그 틈새로 가는 연기가 낮게 피어오르고 있다. 방 바깥은 아직 안개의 세상이다. 어둡고 낯설다. 역시 아무것도 발라져 있지 않은 흙벽에는 서너 군데 머리 굵은 쇠못이 박혀 있고 그 하나에 야윈 모자반 타래가 걸려 있다. 연기가 새어나오는 방에 혼자 있던 나는 벽에 붙어 서서 콩 콩 기침을 하며 모자반의 기포방울을 손톱으로 터트리고 있다. '토닥~! 토닥~! 톡…' 고향과 처음 만난 날의 풍경이다.

밤산골, 내 고향의 이름이다. 그 즈음에는 이미 퇴목으로 접어들었지만 아름드리 밤나무들이 산언덕 저 만치까지 성기게 서 있던 이유로 붙여진 이름이다. 밤산골, 이 정겨운 이름과는 달리 이곳은 산 자의 마을과 죽은 자의 마을 중간에 자리하고 있다. 산 능선을 따라 앞 쪽은 산 자들의 집이 있고, 산 뒤편 능선을 넘어가면 죽은 자의 마을인 공동묘지가 몇 개의 산에 걸쳐 둥근 무덤을 가득히 안고 있다. 산 자들의 마을과 이 분기점은 길을 사이에 두고 있다. 중학교가 있는 북쪽 산모롱이를 돌아 나온 길이 동네 맨 마지막 집들의 등을 둘러 감으며 반대편 산언덕으로 길게 이어져 있다. 산길답지 않게 노폭이 넓은 이 길은 산 자들에게는 새벽운동을 위한 등산로이고 죽은 자들에게는 그들의 마지막 호삿길이다. 요령소리 짤랑이는 상여들이 느리게 출렁이며 고갯길을 넘어 가곤 한다. 제가끔 제 복록만큼의 꽃치장을 하고서, 제 복록만큼의 사람을 뒤에 달고서.

동네와 단절시키는 그 길의 뒤편 산자락에 좁고 긴 밭들이 층층이 쌓여 있다. 밭들은 크고 작은 자연석을 쌓아 올린 돌축대로 지탱하고 있고 얼굴 작은 꽃들이 돌 틈 사이에 매달려 피고 있다. 마지막 밭의 축대 위로 두레박줄이 걸린 깊은 돌우물과 가꾸지 않는 화단이 함께 있다. 자부룩하게 자라 오른 들풀 속에서 울긋불긋한 다알리아가 뭉텅뭉텅 피어났고 빨간 꽈리가 조롱조롱 달렸다. 이슬비라도 내릴라치면 빨간 구슬이 담긴 초록색 꽈리풀봉지들은 비의 장단에 맞춰 간들간들 흔들렸다. 이 우물화단을 비스듬히 결쳐 오른 다음에야 양철로 지붕을 인 작은 집이 서 있다. 어린 나에게 동네의 마지막 집들과 우리집 사이의 길은 영역한계점을 표시했고, 산언덕의 층층밭들은 격리를 의미했다. 다섯 겹, 여섯 겹…… 층층이 자리한 차단막이었고 세상과의 완벽한 단절이었다.

위로가 되는 것은 이런 우리집 뒤에도 집이 한 채 더 있는 것이다. 그 집은 그냥 뒷집이 아니라 밤나무 언덕을 다 지나고도 가파른 길을 한참 더 올라간 산중턱에 있다. 들리기로는 일제시대 일본인 고위관리의 별장이었다고 했다. 과연 그럴만한 것이 산이 오목하게 눅어 들어간 그 곳에는 벚나무를 비롯하여 각종 조경수와 유실수들이 집 뒤안과 비탈진 정원에 그득히 자리하고 있고 잉어들이 느리게 헤엄치는 커다란 사각형의 인공 연못도 있다. 검은 타르를 입힌 높다란 2층 목조건물인 이 별장집은 가운데 고깔지붕이 솟아올라 멀리서 보면 산정상과 거의 같은 높이로 보인다. 현관 앞에는 누군가 마구 쏟아 부어 놓은 듯이 무더기무더기 하늘색 수국이 피어 있다. 푸른 수국은 검은 타르집 앞에서 더 푸르게 보이고 한 뼘 높이로 같은 빛깔의 하늘을 이고서 금방이라도 하늘이 될 듯하다. 하늘로 빨려들 듯하다.

당시 70이 넘은 할머니가 살던 그 별장에도 가끔 누군가 살다가곤 했다. 모르긴 해도 아마 산 자들의 세상에서 내 아버지보다 더 심하게 휘둘리다 최후로 이곳을 찾아든 사람들이리라. 이듬해 여름이었을 것이다. 산 중턱 별장집에 10대 중반 쯤의 딸 둘을 데리고 어느 아버지가 이사를 왔다. 이삿짐이 올라가는 것은 보지 못했지만, 얼마 전부터 집 뒤편으로 난 좁고 가파른 길에 낯선 사람들이 보이곤 하는 걸로 보아 별장집에 누군가 새로이 왔으리라 짐작할 수 있었다.

학교를 다녔는지, 직장을 다녔는지 아니면 그저 어디를 갔다오는지 종종 별장집 자매들이 올라가는 모습이 보이곤 했다. 은사시나무처럼 가녀린 몸매의 그녀들은 좁고 가파른 산길을 천천히 아주 천천히 올라가곤 했다. 아직도 기억나는 자매들의 팔랑대던 옷자락…… 흰 바탕에 크고 작은 무늬들이 있는 하늘하늘한 원피스. 허리 뒤에 묶여 늘어진 배배틀린 리본 자락…… 천성으로 무섬증을 타고난 나는 그럴 때마다 늘 무서웠다. 그녀들이 지나야 할 길을 생각하며 온 몸에 소름을 돋히우곤 했다. 족히 4~500미터가 넘는 산길…… 그 길은 생각하는 것만으로도 무서웠다. 소나무가 빽빽이 들어차서 하늘이 보이지 않는 어두운 구간도 있고 흐린 날이면 청남색 인불이 예고도 없이 튀솟아 오르기도 했으니까. 정말 무서운 것은 군데군데 자리한 머리 파인 무덤들이었다. 찾는 이 없이 비석이 뒹구는 채 버려진 그 무덤들에서는, 죽은 이가 살아있는 이를 찾아 손톱이 길게 자란 하얀 손으로 머리꼭대기 황토흙을 헤치고 금방이라도 기어 나올 것만 같았다. 정적을 깨고 후두둑 숲을 가로지르는 작은 산짐승들의 소리…… 고작 토끼나 꿩이었겠지만 어린 나는 그 소리에 가슴이 녹아내렸다. 길은 언제나 무서웠다. 버섯이나 산다래를 따러 장성한 오빠들의 손을 잡고 오를 때 조차도 오빠의 커다란 손안 담긴 내 작은 손은 촉촉이 젖어 있곤 했으니까.

층층이 쌓인 계단밭에 나의 전망대가 있다. 계단밭 가운데쯤에 있는, 엄마가 감자를 심는 기다란 밭 가장자리에 있는 개토토리나무가 그것이다. 밭둑 끝은 별장집 올라가는 길과 이어져 있고 그 사이를 엉성한 철조망이 길과 밭의 경계를 표시하고 있다. 오후가 되면, 나는 개도토리나무의 휘어진 가지에 올라앉아 다리를 팔랑이며 건너편을 바라보곤 했다. 학교를 파한 동네 아이들이 산비탈을 오르내리며 놀이에 열중하고 있었기 때문이다. 비탈 가운데 커다랗게 자리한 미쭐한 사자바위의 잔등을 타고 노는 남자아이들 중에는 나의 막내오빠도 섞여 있었다.

늦은 오후가 되면 새로 이사 온 별장집 남자도 길을 오르곤 했다. 훤한 여름저녁, 내 아버지보다 더 야위고, 내 아버지보다 더 허름한 옷을 입은 남자는 좁고 가파르고 무서운 길을 천천히 혼자 올라갔다. 그는 땀으로 등에 달라붙은 얇은 셔츠를 입고 발자국 하나 마다에 자신의 두 배쯤의 체중을 실어 산길을 밟았다. 그렇게 무겁게 걷지 않으면 얇은 바람결에도 사정없이 휘청이고 이내 산비탈로 미끌어져 내릴 것만 같았다. 개도토리나무에 올라앉은 나는 숨을 죽이고 그 남자를 바라보곤 했다. 그렇지만 한 발 한 발 천천히 무겁게 내딛는 남자에게서 나는 조금의 무게감도 느낄 수 없었다. 위에서부터 보이지 않는 줄이 내려왔고 그 끝에 달린 집게가 그 남자의 어깨에 집혀 있는 듯했다. 집게에 집힌 남자는 뒷마당 빨래줄에 걸린 오후의 빨래처럼 펄럭 펄럭 날렸다.

잔머리가 소복한 어린 나와 눈이 마주치고도 남자는 웃지 않았다. 밭 가장자리이자 길의 가장자리에 서 있는 휘어진 개토토리나무, 그 나무의 낮은 가지에 다리를 팔랑팔랑 흔들며 앉아 있는 나를 보고도 남자는 걸음 한번 멈추지 않고 그저 우벅우벅 산길을 올라갔다. 여름날 저녁, 작은 나는 그 남자의 뒷모습이 소나무 어둠 사이로 숨어들 때까지 고개를 돌려가며 오래 오래 쳐다보았다.

불꽃이 너울너울 산 능선에서 춤을 춘다. 붉고 노란 물결들이 하늘바다를 향해 넘쳐나고 있다. 붉고 노란 불은 죽은 자의 몽글몽글한 집들을 까맣게 칠하며 점령지를 넓혀하고 있다. 빨갛고 노란색의 불이 왜 까만 칠을 하는 것일까…… 어린 나는 불이 지나간 까만 자리에 오빠의 손을 잡고 서서 내내 그 생각에 빠져 있다.

이듬해 봄, 불이 났다. 산불이 났다. 불귀신은 겨우내 바짝 야윈 억새풀과 나무들을 무서운 기세로 집어 삼키고 있다. 군데군데 흔들리는 불나무가 서 있다. 죽은 소나무들이 머리꼭대기까지 불을 뒤집어쓰고 하늘로 솟구치고 있다. 송진 타는 냄새가 산 아래로 번져간다. 이 냄새는 왜 이렇게 고운 것일까. 까만 점령지, 하늘을 향해 자라 오르는 불나무, 내 코끝에 닿는 싸아하니 진한 송진 냄새, 짜르르…… 짜르르…… 파지작 파지작 불꽃이 숨을 쉬는 소리, 살아있는 불의 숨소리. 죽은 자의 세상이었던 곳이 살아있는 것들의 생기로 가득 차고 열기로 가득 찬다. 순간순간 풍경이 변하고 보이는 모든 것이 역동적이다.

산 자들의 동네에서 올라 온 살아있는 이들은 솔가지를 꺾어 쥐고 살아 날뛰는 너울불들을 죽이러 뛰어다니고 있다. 솔가지로 불을 내려쳐 죽이는 그들은 재미있는 놀이에 빠진 듯 신나 보인다. 죽이고 또 죽인다. 그 와중에 계산이 빠른 이들은 불에 쫓긴 산토끼들을 몰아서 잡아내고 있다. 토끼 귀를 움켜 쥔 자들은 살육하던 솔가지를 버리고 아래로, 산자의 동네로 미련없이 내려간다. 검은 덤불 속에 숨어있던 빠알간 작은 눈들이 불의 혜택을 움켜쥐고 내려가는 산 자들의 등을 빠끔빠끔 웃으며 내어다 보고 있다.

애타는 것은 오직 별장집 할머니뿐이다. 늦은 봄, 콜타르가 입혀진 바짝 야윈 일본식 목조건물은 작은 불티라도 닿기만 하면 이내 폭발하듯 불귀신에 사로잡힐 것 같다. 할머니는 양동이로 연못물을 퍼서 집 뒷벽에 퍼 붓고 있다. 비틀대는 할머니의 발에는 신발도 꿰어있지 않다. 코 언저리에 삐뚜룸하게 걸린 낡은 안경은 금방이라도 떨어질듯 흔들거린다. 할머니의 간이 다 타 버리기 직전, 산언저리로 새까맣게 사람들이 몰려왔다. 심상찮은

산불에 근처 중고등학교 학생들이 수업을 중단하고 산으로 올라 온 것이다. 새까만 머리에 새까만 교복을 입은 학생들은 삽시간에 새까맣게 불을 죽여 나가고 있다. 검은 덤불 속에 숨어 웃던 빨간 작은 눈들도 그들의 발길에 남김없이 밟혀 죽는다. 까맣게 죽는다. 그제서야 던져버린 양동이 옆에서 별장집 할머니가 긴 울음을 꺽꺽대고 있다. 손으로 땅을 짚고 어깨를 들썩이며…… 떨어진 안경알 위로 할머니의 눈물이 떨어진다.

불이 산을 죽이고 사람이 불을 죽이는 첩첩의 살육이 진행되어도 별장집 아랫방문은 열리지 않았다. 요 며칠, 별장집의 야윈 남자는 산 아래로 내려가지 않았다. 오히려 점심나절이 지날 즈음이면 산 정상을 향하여 걸음을 옮기곤 했다. 오늘은 아침부터 바람이 많이 불었다. 바람 속을 헤집고 다녔는지 남자는 온통 헝클어진 머리칼에 담배냄새를 풍기며 돌아왔다. 그리고…… 조용히 자신의 거처인 아랫방으로 들어가 문을 닫았다. 닫힌 문은 열리지 않았다. 불꽃은 마치 구호라도 외치는 양 짜작… 짜작… 소리를 내며 별장집 뾰죽지붕을 향하여 거리를 좁혀왔다. 여전히 아랫방문은 열리지 않았다. 솔가지를 쥔 사람들이 고함을 지르며 사방을 뛰어다녀도, 불이 닿은 생소나무들이 송진기름을 흘리며 신음해도 별장집 아랫방문은 열리지 않았다.

향연香宴, 향연이…… 별장집 할머니가 휜 다리로 비틀비틀 물양동이를 나를 때 별장집 아랫방에서는 광휘로운 향연이 벌어지고 있었다. 불나무가 피워내는 송진향기는 조용히 아랫방 문틈을 넘어들어 왔고 방 안에서 기다리고 있던 청자담배의 연기는 송진향기를 나붓이 맞아들였다. 연기와 향기는 서로의 몸을 더듬으며 오래 오래 황홀에 빠져 들었다. 세상에서의 마지막 사랑을 나누듯이.

얼마 후, 별장집 올라가는 길목에서 목을 매고 늘어진 사람이 발견되었다. 별장집의 야윈 남자였다. 며칠째 산 아래로 내려오지 않던 야윈 남자는 굽은 소나무에 허리띠로 목을 매었다. 줄…… 보이지 않던 줄, 내가 보았던 보이지 않던 줄…… 언제나 남자의 어깨 위에서 흔들리던 보이지 않던 줄이 소나무 가지에 선명하게 모습을 드러냈다. 개도토리나무에 앉아서 바라보았던 남자는 조금의 무게감도 없이 언제나 마른 빨래처럼 펄럭대며 흔들렸는데, 보이는 줄에 매달린 남자는 하늘을 당겨 내릴 듯이 무겁게 내려앉아 있었다.

그날 오후, 제복을 입은 경찰들이 가파른 산길을 오르내렸다. 별장집 할머니는 이제 막 잎이 티는 수국무더기 옆 버려진 다듬이돌 위에 앉아 있었다. 코끝에 걸린 안경 알에 할머니의 눈물이 떨어진다. 일상복을 입은 자매들은 마당 가장자리 연꽃절구 옆에서 산 아래를 바라보며 서성거렸다. 그녀들의 눈빛은 멍하니 초점을 잃었다가 별이 박힌 듯 새파랗게 빛나기를 반복하고 있다.

다음날, 남자는 산능선을 넘어갔다. 얼마 전 불의 점령지가 되었던 새까만 죽은 자의 동네로…… 동그랗고 새까만 죽은 자의 등 위로 초록색 침들이 뾰죽뾰죽 솟는 길을 상여도 없이 그저 넘어갔다. 목을 맨 그 야윈 아버지는 산능선을 넘어 죽은 자의 마을로 갔고 은사시나무처럼 가녀린 그 딸들은 산 아래 산자들의 마을 어디론가로 갔다.

날짜가 얼마나 지났을까. 개도토리나무에 다리를 팔랑이며 앉아있던 내 앞으로 다리가 오그라진 별장집 할머니가 내려오고 있었다. 할머니는 하얀 천을 새끼처럼 꼬아서 커다란 등짐을 묶어지고 있다. 무거운 등짐에 허리가 반으로 접힌 채 가파른 내리막을 위태위태 걷던 할머니가 걸음을 멈추었다. 팔랑거리던 내 다리도 멈추었다. 잠시 뒤, 뒤로 눕듯이 앉아 등짐을 벗어낸 할머니가 삐뚜룸한 안경을 걸치고 나를 들여다보았다. 할머니는 내 얼굴을 반틈이나 덮고 있던 잔머리를 좌우로 헤쳐 주었다.

나는 털이 얼굴을 덮고 있는 삽살이처럼 머리카락이 온통 얼굴로 쏟아져 내렸어도 모든 것을 다 볼 수 있었다. 건너편 산비탈에서 뛰어노는 동네 아이들 중에서 막내오빠를 가려낼 수 있었고, 파르란 봄풀들 사이에서 간식거리가 되는 먹는 풀을 찾아낼 수도 있었다. 그리고 얼마 전 죽은 자의 동네로 넘어 간 야윈 남자의 어깨에 달려있던 보이지 않는 줄까지도 볼 수 있었다. 그런데도 할머니는 자기 머리 뒤에 꽂혀 있던 검정색 철사 핀 하나를 뽑아내어 굵은 손으로 이리저리 접고 피더니 내 잔머리를 쓸어서 오른쪽 이마빼 위에 가만히 고정시켜 주었다. "오죠짱…… 고키겡요. 오죠짱……사요나라, 사요나라……오죠짱……" 할머니는 알 수 없는 말을 되뇌이며 삐뚤어진 안경너머로 내 눈을 한참이나 들여다보았다. 할머니는 다시 주저앉아 하얀 천으로 꼬아 만든 어깻줄 사이에 팔을 끼워 넣었다. 커다란 등짐은 쏟아질 듯 흔들리며 가파른 길을 내려갔다. 머리카락이 없어 썰렁해진 내 이마 위로 서늘한 저녁바람이 스쳐 지나갔다.

이제 우리 집은 산 자들의 마을에서 가장 마지막 집이 되었고 죽은 자의 마을과 가장 가까운 집이 되었다. 아무도 살지 않는, 청자담배의 연기와 송진 냄새가 어울리던 산중턱 별장집은 점점 세상에서 숨겨져 갔다. 가지를 치지 않은 벚나무들이 제 힘대로 뻗어나가 봄이면 환한 꽃들로 지붕을 반이나 가려주었고 이어서 푸른잎과 붉은 단풍이 교대 교대로 집을 숨겨주었다. 가 보지는 못했지만 무성한 수국덤불들도 현관 앞에 있던 다듬이돌과 연꽃 절구를 가리고 송진 냄새 스며들던 아랫방 문도 반쯤은 가려주었을 것이다. 별장집은 점점 산 속으로 침잠해 들어가고 있었다.

몇 년이 더 지난 뒤 내가 초등학교 상급반이 될 무렵 우리 가족은 등산로 아래 산 자들의 마을로 내려왔다. 산 능선을 넘어 죽은 자의 마을로 간 이도, 산 자들의 마을로 몰래 숨어든 이도 없이 아홉 식구가 온전히 내려왔다. 나에게는 고향의 끝이었고 아버지에게는 자식들을 사람 사는 동네에서 키우게 된 새로운 시작이었다. 나는 나의 일용품을 챙겨 넣은 책가방을 매고 아버지의 손을 잡았다. 내 손을 잡고 내리막길을 걷던 아버지는 돌아보고 돌아보았다. 아버지를 따라 나도 돌아보고 돌아보았다.

벚나무숲 사이에서 머리꼭지만 내놓은 별장집이 가만히 눈인사를 전해오고 있었다. 내 유년이 잠긴 밤산골의 양철집 지붕도 세상과의 영원한 단절을 말하며 조용히 산그늘에 묻혀가고 있었다.

날마다 이력서 쓰는 남자

정이수
glmani3@hanmail.net

이력서 상단에 붙어 있는 사내의 얼굴이 묘하게 일그러져 있다. 사진 속의 그는 어찌 보면 나를 닮은 것도 같고, 한 번도 본 적이 없는 사람처럼 낯설기도 했다. 남자는 지금 서른일곱 번째 이력서를 작성하고 있는 중이다. 하단에 표시된 깨알보다 작은 숫자 37이 그걸 말해준다. 이름, 주소, 전화번호, 이메일, 학력과 경력 등 천천히 빈칸을 채워나갔다. 그런데 어느 순간 글자들이 꼬물거리기 시작했다. 사방으로 흩어지는 까만 글자들, 아니! 벌레들이 이력서를 마구 갉아먹었다. 학력, 경력이 사라졌다. 그리고 사진 속 그 사내마저 감쪽같이 사라져버렸다.

"안 돼!"

외마디 소리에 놀라 깨어 보니 꿈이었다. 후유, 나도 모르게 한숨이 절로 나왔다. 요즘 들어 생긴 버릇이다. 차례로 팔다리를 조금씩 움직여 보았다. 침대 위에 덩그마니 누워있는 사내, 맞은편 화장대 거울에 비친 자신의 모습이 오늘따라 낯설기만 하다. 어젯밤 과음을 한 탓인지 술이 깨느라 그런지 머리가 깨질 듯 아파왔다. 갈증으로 목이 타들어 갔지만 손가락 하나 까딱하기 싫다. 눈꺼풀을 들어 올리는 것조차 버겁다. 벽걸이 시계는 오전 10시 17분에 맞춰져 있다. 늦잠을 털어 내는데 아내의 잔소리가 특약이 될 수 있으련만 아내의 잔소리를 못들은 지 벌써 여러 달이다. 침대를 내려서는데 바닥에 구겨진 채 뒹굴고 있는 이력서가 눈에 들어왔다. 꿈과 현실이 뒤죽박죽, 머릿속이 수세미처럼 엉킨다. 애써 외면하고 주방으로 향했다. 식탁 위에는 어젯밤 나의 행태를 말해주듯 빈 소주병과 안주접시가 어지럽게 놓여 있었다. 재떨이 위에 태우지 않은 담배 한 개비가 눈에 들어왔다. 물 컵 대신 담배에 먼저 손이 간다. 느린 동작으로 담배를 피워 물었다.

처음부터 술을 마실 생각은 아니었다. 혼자서, 그것도 집에서 술을 마시는 일은 손으로 꼽을 만큼 드문 일이었다. 술을 부른 건 순전히 티브이 화면 속의 그 여자였다. 거실 소파에 누워 이리저리 리모컨 버튼을 눌러대다가 케이블티브이 영화채널에 맞춰졌다. 나는 금세 화면 속으로 빠져들었다. 술에 취한 듯 여자를 안고 비틀거리는 남자의 모습이 눈에 들어왔다. 침실로 직행할 것이란 예상을 깨고 남자는 거실 한쪽에 놓여 있는 열린 피아노 위에 여자를 내려놓았다. 순간, 엉덩이 세례를 받은 건반이 한꺼번에 소리를 내질렀다. 콰와아왕! 그 소리가 재미있는지 여자는 내려올 생각도 않고 피아노 위에 앉아 몸을 비틀며 웃어댔다. 그 모습을 지켜보던 남자의 입가에도 웃음이 가득 물린다. 숨을 고르던 남자가 두 손으로 여자의 얼굴을 감싸 안더니 이내 건반을 누르듯 여자의 몸을 터치하기 시작했다. 이마에서 코로, 코에서 입으로 입에서 목으로 가슴으로 천천히 미끄러져 내려갔다. 티브이 밖 나의 시선도 남자의 손길을 따라다녔다. 여자의 다리가 풀리며 각도를 달리했다. 고저의 음률은 이제 여자의 입을 통해 통겨졌다. 가슴께에 머물렀던 남자의 두 손이 허리 뒤쪽으로 넘어갔다. 지퍼가 열리고 여자가 걸치고 있던 원피스가 허물을 벗듯 머리 위쪽으로 넘겨졌다. 탐스러운 젖가슴이 드러났다. 겨우 속옷 모양새를 갖춘 그물망 자주색 팬티마저 미끄러지듯 남자의 손에 의해 흘러내렸다. 이중주의 불협화음, 소리의 파장은 서서히 내 가슴속에서도 일었다. 잃었던 감각이 되살아나기라도 하듯 몸 구석구석에서 민감하게 반응하기 시작했다. 아랫도리가 묵직해지는가 싶더니 이내 트레이닝바지의 앞섶이 들렸다. 근래에 없던 일이다. 슬며시 오른손을 바지춤으로 들이밀었다. 바로 그때였다. 매너모드로 전환된 휴대전화기가 진저리를 치듯 부르르 떨어댄 것이.

"젠장!"

나도 모르게 볼멘소리가 터져 나왔다. 방문객을 들이는 것도 아닌데 리모컨을 찾아 허둥댔다. 나는 못된 짓을 하다 들킨 아이처럼 재빨리 채널을 돌려버렸다. 벨은 일정한 간격을 두고 질기게 울어댔다. 아내였다.

"별일 없죠. 나 찾는 전화 없었어요?"

"없었어. 그런데 이 시간에 웬일이야."

"그냥 잠이 안 와서요. 그건 그렇고 언제쯤?"

"알았어. 정리되는 대로 연락할게."

불편한 속마음을 드러내지 않으려 애써 담담한 척했다. 하지만 그동안 쌓인 감정 때문인지 내 목소리는 단음마저 갈라져 나왔다. 전화기 너머 들려오는 아내의 목소리도 건조하기는 마찬가지였다. 정작 아내에게 하고 싶었던 말은 꺼내지도 못하고 통화는 싱겁게 끝이 났다. 서둘러 리모컨의 전원을 켰다. 하지만 그새 화면은 바뀌어 분위기는 전혀 다른 쪽에 맞춰져 있었다. 조금 전까지 악보에도 없는 음률을 토해내던 여자의 모습은 어디에도 없고. 지하 계단을 내려가는 후줄근한 남자의 뒷모습이 화면을 가득 채우고 있었다. 주체할 수 없을 만큼 팽창했던 아랫도리도 그새 제풀에 사그라들었다. 실망감은 어느새 체념 쪽으로 바뀌어 갔다. 그럼에도 눈은 계속 화면을 좇고 있다. 손에는 여전히 리모컨이 들려있다.

고개를 숙인 것은 경제적 능력을 잃은 가장의 위상만이 아니었다. 의사는 스트레스 때문에 오는 일시적인 현상일 수도 있다고 말했지만, 나는 아내를 대할 때마다 미안하고 한편 자존심이 상하기도 했다. 열한 살 나이 차를 극복하기엔 아내는 너무 젊고 아름다웠다.

처음 회사를 그만 두게 되었을 때 아내는 말했다. 그동안 앞만 보고 달려왔으니 당분간 머리도 식힐 겸 여행도 하고, 생각만으로 그쳤던 취미생활도 해보라고. 설마 산 입에 거미줄이야 치겠냐고. 그렇게 말해주는 아내가 믿음직스럽고 보호자처럼 든든했다. 태풍 사라호 보다 더 무서운 감원 바람이 불었을 때 회사에 과감히 사표를 던질 수 있었던 것도 아내를 믿었기 때문이었다. 퇴직금과 처가에서 빌린 돈을 보태 변두리에 조그만 분식점을 차렸던 것도 마찬가지였다. 그러나 사업은 생각보다 빨리 원금을 갉아먹었다. 경험도 없이 의욕만 가지고 덤빈 것이 화근이었다. 직접 배달까지 하며 휴일도 없이 뛰었지만 역부족이었다. 장대비가 쏟아지던 날이었다. 하늘은 구멍이 뚫린 것처럼 장대비를 쏟아부었다. 그날따라 가게 문을 열자마자 전화통에 불이 났다.

"대림아파트 4동 507호로 칼국수 다섯 개만 배달해 주세요. 오실 때 잔돈 준비해 오시구요."

"대림아파트 4동 507호 칼국수 다섯 개."

무거운 배달통을 들고 엘리베이터도 없는 저층 아파트의 계단을 오르내리는 일은 고역이었다. 배달통을 들고 5층까지 올라갔다. 벨을 눌러도 안에서는 기척이 없다. 현관문을 몇 번 두드리자 그제야 문이 열리며 할머니가 고개를 내밀었다.

"무슨 일로 오셨수?"

"주문한 칼국수 배달왔어요."

나는 반쯤 열린 현관문 안으로 배달통을 들이밀었다. 내가 안으로 들어가자 할머니는 한쪽으로 비켜서며 난 칼국수 시킨 적 없는데 하신다. 동수를 잘 못 짚었나 싶어 서둘러 3동 507호로 달려갔다. 역시 아니었다. 그제야 장난전화에 속았다는 걸 알았다. 국수 한그릇을 챙겨들고 4동 507호 할머니를 다시 찾았다.

"칼국수 안 시켰다는데 왜 자꾸 벨은 눌러요. 성가시게."

"할머니 칼국수 한 그릇 드릴 테니 식기 전에 드세요. 돈은 안 받을 테니 걱정마시구요."

불어터진 칼국수 네 그릇을 음식 쓰레기통에 쏟아버리며 나는 아내 앞에서 눈물을 쏟아내고 말았다. 결혼 후 처음 있는 일이었다. 사업은 아무나 하는 것이 아닌 모양이었다. 난생처음 시작한 가게는 그렇게 비싼 수업료를 지불한 채 결국간판을 내렸다.

–일가족 동반자살–

조간신문을 훑어 내려가던 눈길이 사회면 하단에 있는 토막 기사에 멈춘다. 수장이라도 시키겠다는 발상인가. 저수지를 향해 가속페달을 밟다니……. 생활고를 비관한 실직 가장이 내린 최후의 선택이었다. 나는 알 수 없는 분노가 치밀었다. 언제부터인가 타인의 자살 소식을 전해들을 때면 죽는 것마저 새치기를 당하는 것 같아 심기가 불편했다. 매번 선수를 빼앗기는 기분이 들었다. 무기력, 불안 초조가 불면증으로 이어지면서 정신건강까지 무너져 내렸다. 뜬눈으로 새벽을 맞는 날이 많았다. 지푸라기라도 잡고 싶은 마음에 신경정신과를 찾았다. 우울증에 대인기피현상까지 겹쳐지던 때였다.

–실직 3년 7개월 가정경제는 바닥을 쳤고, 우울증과 불면증에 시달리고 있음. 경제적인 무능력과 성기능장애, 가정불화, 죽을 용기도 없으면서 끝없이 이어지는 자살 유혹–

치부를 내보이는 것 같아 자존심이 상했지만 털어놓고 나니 속은 후련했다.

"여행을 하거나 취미생활을 하는 것도 우울증을 치료하는데 도움이 됩니다. 이성 친구를 사귀는 것도 하나의 방법이 될 수 있구요."

선심 쓰듯 말하는 의사의 머리통을 향해 주먹이라도 날리고 싶었다. 취미생활! 누군 할 줄 몰라서 안 하나. 이성 친구! 곁에 둘 수만 있다면 그보다 좋을 순 없겠지. 하지만 실업자에 성불능자를 남자친구로 둘 만큼 세상 여자들이 바보는 아니다. 간호사가 전해준 처방전을 화장실 쓰레기통에 던져 버리고 병원 문을 나섰다. 시쳇말로 잘 나가던 때에는 취미생활을 즐길만한 시간이 없었고, 실업자가 된 지금은 시간은 많은데 경제적인 여유가 없다. 생각할수록 화가 치밀었다. 정신과 의사의 도움을 받을 만큼 무능하고 무기력한 자신이 한심하고 자존심이 상했다.

하루하루가 답답하고 막막했다. 시간이 지날수록 희망은 곤두박질치고 절망감은 더해만 갔다. 아내도 인내심에 한계가 왔는지 말끝마다 날을 세웠다. 기억에서 지울 수만 있다면 지난 3년간의 일들을 송두리째 지워버리고 싶었다. 신경안정제를 사 모으기 시작한 것은 병원을 다녀오고 나서 얼마 후였다. 자살한 사람의 기사를 접하는 날이면 조바심이 났다. 기꺼이 그 대열에 동참해 보고 싶었다. 어쩌면 직장을 얻는 일보다, 불능인 신체 일부를 일으켜 세우는 것보다 더 쉽고 간단한 일일지도 모른다는 생각이 들었다.

가정경제에 빨간 불이 들어오기 전까지는 그나마 자존심이라도 내세울 수 있어 좋았다. 아내가 할인마트에서 아르바이트를 하겠다고 했을 때 나는 아무 말도 할 수가 없었다. 팽팽하던 신경전에서 한쪽이 느슨해지자 아내가 먼저 그 고리를 끊고 달아났다. 아내는 남편의 경제적 무능함을 입에 올렸지만 어쩌면 남자 구실을 제대로 못하는 것이 더 큰 이유였는지도 모르겠다. 어젯밤 추리닝바지 섶이 들렸을 때 아내가 곁에 있었더라면 하는 부질없는 생각이 든 것도 그 때문이었다. 실종된 남편의 위상, 아내에 대한 사랑이 남아 있기는 한 것일까? 그동안 쌓인 외로움이 한꺼번에 밀려왔다. 갑자기 시장기가 느껴진다. 그렇지만 밥상을 차릴 기분은 아니다. 반 남아 있는 소주병을 거꾸로 들어 물을 마시듯 벌컥벌컥 들이켰다. 빈속이라 그런지 김빠진 소주 반

병에도 효과는 빠르게 전해졌다. 알코올이 들어가자 정신이 좀 맑아지는 것도 같았다. 휴대전화기를 찾아들었다. 서로에게 상처만 줄 소모전은 그만두기로 했다. 이제는 어느 쪽이든 결정을 내려야할 때가 온 것 같다.

"목소리가 왜 그래요. 아침부터 술 마셨어요?"

전화기 너머 들려오는 아내의 잔소리가 싫지 않다.

지

담쟁이 연주법

고연희
youngk1539@hanmail.net

흙 묻은 기억을 한마디씩 잇는 정맥
24마디에서 갇혀있던 음정이 튀어나와 제 음역을 넓히고
생장하는 마디에는 새들의 소리 표를 넣어요
구름아래 8부 능선까지 오르지만
누군가 밀어버린 벽돌 구멍에 꽃과 그림자가
함께 빠지는 일이 자주 일어나요
더듬어 찾아가는 여정
어느 귀퉁이에 금이 가는지 손목이 저릿해요
가는 허리를 절벽에 단단히 동여맨 점성도
폭풍우에 한 번씩 휘청거려요
늘어진 숨을 걷어 올리고 바람의 지휘봉 따라
한 박자씩 건너뛰는 푸른 날개가 축축해요
엉킨 마디에는 연둣빛 쉼표를 넣고
손끝에서 배어나오는 후렴은 계속되는데
담 너머에서 가을이 붉은 휘장 들고 달려와요
엇박으로 올라 엉킨 악보 속에서
야윈 가슴 부비는 도돌이표의 마디에
남은 향기가 매달려 있는 망끝

벼랑을 딛고 반올림으로 치켜 올리는 마지막 악장
이제 우리의 노래 멈춰야 해요

부활

권오성
Kwonos@naver.com

누가 부활하고 있다

아무도 죽음을 알려온 적 없었는데
창백한 보랏빛 햇살에 뜨거운 숨을 들이며
입을 열고 부활을 전해온다

도시로부터 떠나온 새들은 달빛에 앉아
죽은 듯이 엎드려 내세를 듣고 있다

예수가 부활했다는 전설이 살아있는 오늘
당신의 손끝에서 부활의 신전을 세우는
까닭을 알지 못하지만,
지금 이대로 먼 그곳을 가는 중이다
옛날 설원으로 바위를 지고 떠난
어느 거인의 높은 거처를 찾아가는 중이다

먼저 간 누군가의 흔적이 요란한
바람의 가지 끝에서
오지 않는 별을 기다리다 지친 아이들

내 서툰 행진을 지켜보고 있다
죽은 나무에서 꽃을 피워본 적도
큰 북을 울리며 왔던 곳으로 돌아간
영웅을 본 적도 없는
내 등에서 천사의 날개가 나고 있다

누군가 부활하고 있는 저곳
나는 천천히
눈 덮인 높은 산맥을 넘고 있는 중이다

콩꽃

새는 부리를 벌려
바람을 들이고

바람의 끝에 사뿐히 내려와
발자국을 찍고 가는 별들

은하의 씨알이여
아틀라스 어깨에 앉은 새들이여

푸른 눈 뜰 때마다
수천수만 흰나비 날아오른다

활자를 낚다

김효정
qnskqnsk@hanmail.net

인쇄냄새 가득한 활자의 바다, 물결 출렁인다

오늘도 늘어진 신경줄 날카롭게 비벼 하품 채 가시지 않은 낚시바늘에 끼운다 이곳저곳 수면 위로 튀어 오르는 활자들이 떼지어 몰려다니며 수군거린다 물고 뜯기고 쫓고 쫓기며 풍겨대는 부패한 냄새 파도처럼 밀려온다 군데군데 부유하는 이물질이 걸려들지 않도록 한쪽으로 밀쳐내는 작업은 그래서 치밀하다 지긋지긋하지만 어느 잔잔한 물결 속 향어가 숨어 있을 것 같아 코를 막고 탐색한다

군침 도는 어류들이 모여 사는 한 장의 바다에서 입맛 돋우는 알밴 물고기 찾아 조심스럽게 낚싯대를 드리운다 입질할 때마다 가벼운 흥분에 손끝이 떨려온다 지느러미 나풀거리며 유유히 떠다니는 저 물고기 떼, 아예 바다 한쪽을 토막낸다 기름 냄새 뚝뚝 떨어지는 살찐 활자들을 손질하고 다듬어 소금에 절여놓는다

언젠가 푹 곰삭아 감칠맛 풍길 때까지

바람을 품다

갈대숲에는 바람이 산다

산하가 분주한 계절이지만
만경강 하구 겨울을 난 갈대숲은
비상하는 도요새들 날갯짓에도
적막이 묻어난다
하얀 솜꽃에 쌓여있는 씨앗들
바람에 불려 허공으로 떠난 뒤
빈 자궁 열고
드나드는 바람의 집이 된다

갈대는 갯벌에 내려앉아
새싹으로 솟아오르는 시절부터
바람에 포개지는 법을 배운다
한꺼번에 밑바닥까지 쓰러지다가
지나가는 바람 끝자락 붙잡고 일어설 줄 안다
질박한 갯벌바닥 옹골차게 휘어잡은 뿌리는
마지막 씨앗을 훑어낼 때까지
바람에 시달리면서도
좀처럼 붙들려가지는 않는다

또다시 바람을 품으려고
갈대숲은 빈 가슴 열어놓는다

빗소리

김윤옥
january125@hanmail.net

삼십여 년 버리지 못했던 것들
오래된 사진첩모양 들춰보지 않는 것들
다 버리고 떠나라
가벼워져라
내가 내게 이르며

오래된 프라이팬
뜨다 만 털실뭉치
젊은 날의 증명사진
누군가 보낸 편지
그가 앉던 의자
갑자기 쓰러지던 일
구급차의 사이렌 소리
바싹 마른 입술
까만 옷

낯선 곳에서 낯설게
다시 살기로 했는데
버리고 버렸던 것

같이 가야지, 같이 가야지
그러는 것일까

홈통에 길을 내서
빗소리 데리고
추적추적 따라와

함께 어우러져 아우성 치는
무슨 말인지
통 알아들을 수 없는

그런 날 있습니다

사랑하는 사람과
차 한잔 나누는
지극히 사소한 일이
마음에 힘이 되는

헝클어진 마음 갈피
풀 길 없어 암담할 때
마주 앉아 차 한잔 나누는 사람이
마음에 힘을 주는

사는 일이 결코 어마어마한
그 무엇이 아닌데
다시 한번 생각해 보면
헛된 짐 내려놓는 일인데

차 한잔 나누듯이
물 처럼 순하게
그렇게 살고 싶은

그런 날 있습니다.

느티나무 무릎

명호숙
my0817@hanmail.net

내 무릎이 아프니
집 앞 말없는 느티나무도 어디 한 군데는 아프지 않을까
작년 전기톱 전지된 곳에 가 닿는 나의 은근한 눈길

찬 봄바람이 오른쪽 무릎에서만 운다

잘린 그곳에서도 손 내미는
저 무릎의 연초록 위로

나는 이 다리를 안 아픈 척 할 수 있을까
아프다 말하지는 말고
다만, 누구의 상처를 안을 수 있을까

무수골 계곡에 들어

물소리는 날 어디로 데려가는 건가
매번 헛물켜는 날
장마 진 후 기세도 좋게
웬만한 돌덩이를 던져도 꿈쩍 없이
아예 둥둥 떠메어 강가에 부려두려는 건가
돗자리 깔고 누워서 보는 떡갈나무
하늘 우듬지는 쉴 새 없이 흔들린다
어찌보면 새들의 날개짓 같은 잎새들
뿌리를 바위에 묻고 훨훨 날아가지는 못하지
넘어지는 바람으로 큰다 해도
나, 간밤에는 속이 상해 잠도 자지 못했는데
물소리는 여전히 힘이 좋아 기어이
등짝과 엉덩이를 밀어 일으켜 세워놓는다
깊어지라는 너의 목소리
강물이 되라는 네 말
날 포기하지 않는다면 함께 흐르고 싶었다

새

박주영
usbjy@hanmail.net

이제는
길이 되어버린

저것도 한때는
푸른 하늘을 힘차게 날았으리라

차가 지나고
바람이 지나고

세상의 그 어떤 호명도
다 버리고

나뭇잎에도 길이 있다

국수나무 작은 잎에 새겨진 수천 개의 길을 본다 촘촘히 박혀 있는 보석 같은 그것 뚫리면 막히고 막히면 뚫려있다 지금 꽉 막힌 길 때문에 절망할 것인가요 한 걸음만 더 나서면 새로운 길이 나올지도 몰라요 살다보면 벼룻길도 만나게 되고 곧은길도 만나게 되지요 내 몸에도 숨겨진 수많은 창창한 길이 있지요 오월 실바람에 몸을 뒤척이며 전해오는 소리

이제 막 물오른 나뭇잎에 접사를 하며
대낮 어두웠던 마음이
환하게 연초록으로 물든다

산책하는 여자

송방순
treelady@hanmail.net

여자는 수리산 한양아파트 앞 산책로를 헐렁하게 걷는다
소소한 소지품 없이도 마지막 가는 날처럼
주머니가 가벼워서 좋은 시간이다

산에서 흘러온 상수리나무 냄새로 젖은
초저녁의 깊음 속으로 여자는 스며든다
그늘과 어둠은 단지 시간의 거리
겉과 속도 한 걸음의 차이로 서 있다

정돈되지 않은 수풀 속에서
풀벌레 소리가 산자락의 고요를 늦추어 줄 때
초가을의 뜨거운 흔적을 우려낸 기름기처럼 노을이 깔리고
한낮의 잔상은 낯빛 고운 여자를 만든다

느슨해진 어둠은 살아가는 일에 서툰 여자를 위로하듯
빛으로 얽매였던 것들을 잠시 흩어 놓고
엎질러진 마음을 끌고 온 슬리퍼처럼 초연하게 한다

여자는 한번쯤 모가지를 쳐들고
하늘을 깊게 바라볼 수 있어서 이 시간을 놓지 않는다
내려오는 발등에 익모초 한 모금처럼 쓴 일상이 기다린다 해도
잠시 헛발을 내 디딘 것처럼
이 저녁의 가난한 바람 한 점으로 치유될 것이라는
터무니없는 믿음을 갖고 걷는 것이다

오늘도 여자는 하루를 견디기 위해
터진 석류처럼 고스란히 속을 열어 보이며 산책을 한다

그리고 긴 기다림

목까지 지퍼를 올리고
돌돌 말은 양말처럼
몸을 웅크렸다

벤치는 4분의 3박자 음률의 눈송이를
오선지처럼 묵묵히 받아 주었고
나는 도돌이표처럼 꼼짝하지 않았다

성근 가지사이에 때를 잊은
개나리꽃 하나가 눈발에 껌뻑인다

몸은 이내 냉하여져
손가락은 점점 가늘어지고–

걷어 올린 머리를 푼다
족히 한 뼘은 자라
야윈 어깨를 덮는다

이빨로 물어뜯은 손톱 부스러기가
밤 한숨에 하루살이의 날갯짓으로
서툴게 흩어진다

24시 훼밀리 마트 불빛이
신발 위에 도착하지 못한 남은 밤을
진심으로 기다려 주었다

어머니의 배앓이

윤은진
jiguinn@hanmail.net

오래된 수화기 너머
어머니는 늘 소화불량이다

포근한 날은 가고
매서운 한파가 급습하여
어머니 빈 가슴을 베고 있다

뱃속에서 꾸룩꾸룩 소리가 난다고
기운 없이 모로 눕는 긴 한숨
꽉 막혔던 응어리
쏟아내는데 힘겹다

힘없이 늘어지는 속 비운 허물
서너 시간 햇살에도
얼었던 강은 녹는다

나는 어머니의 약손이 된다

북촌을 지나다

골목을 돌아다 본다

커피콩 빻는 방앗간
까치발로 매달리던 작은 창문
네모 모양 담벼락에
흙 묻은 손자국을 찍으며
유년의 웃음소리 뛰어다니는

사층 빌라 층층이
아직은 천년을 다 못 산 회화나무
네 조각 퍼즐로 맞춰져 흔들림이 없다

익숙한 소음에 몇 십 년 세월이 하루해로 진다
늦은 시간까지 돌아다녀도 어머니,
찾아 나설 생각을 하지 않는다

아이는 아직도
외등 아래 쪼그리고 앉아
놀이에 빠져 있다

빨래터

이복형
bk560103@hanmail.net

움츠려 흐르던 샛강
들길따라
봄볕 가득한 빨래터에 머무네
여인의 손끝에 묻어나는
정갈한 물소리
굽이굽이 젖어 내린
사연을 따라
갇혔다 다시 흐르는
여인의 맥박

신도시로 출항하다 -소래포구에서

이상복
flute5331@hanmail.net

뱃고동 소리는 세상의
정지된 용서 쪽으로 울려 퍼지고
낚싯줄에는 예정에도 없는 노을이
물고기처럼 걸려 올라온다
서서히 숨통을 조여오는
바다 조망권 아파트 건설현장
타워크레인은 모노톤의 기억들을 해체하느라
입 벌린 망둥어처럼 척박하다

영원히 오지 않을 열차는
손톱에 각인 된 반달 속에서
이명처럼 떠돌다가
오래된 침목枕木 사이로 사라져가고
협궤철로 아래 저무는 빛조개 하나
치명적 징후로 술렁이는데

밀물이 울음 울던 후미진 갯바위로
파도를 업고 온 물고기 한 마리가
비틀비틀 술 좌판을 벌이는 포구浦口에 오면

멍든 파도의 껍질로 한 올씩 망을 엮어
침몰해 버린 사랑을 건져 올리는 어부가 된다

해지는 저녁마다 너울너울
전설 같은 만선滿船으로 돌아와
탈골된 어깨뼈로 신도시를 받치고 있는
갯벌에 대해서도 매우 소망 적인, 그런

월곶 I.C 진입 전 마지막 주유소

마지막, 이라는 위독한 글자 아래
얌전하던 주유구들이 다투어
입을 벌리고 있다
사람이고 사물이고 모두
먹는 일 빼면 일이 없다는
귀밑머리 허연 최씨 아저씨
마지막 알바로는 이 일이 적격이라지만
주유호스를 잡은 손이 힘겨워 보인다
최씨의 한바탕 청춘이 마무리 지으려는 곳
포구에 정박한 배 몇 척을 향해 이따금
파도가 기웃거리고
어느새 계절이 바뀐 주유소 한구석
오래된 벚나무 눈처럼 꽃가루 흩날릴 때마다
바람 따라 돌아가는 젖어 있는 만국기
월곶 I.C 진입 전 마지막 주유소에서
마지막 알바를 하는 최씨에겐
한바탕 청춘도 깊은 병인지라
그가 주유하는 동안
내 낡은 차의 기름 바늘은 올라가지 않고
눈물의 수위만 그렁그렁 올라가고 있다

세이코 벽시계

이숙희
silverbrich@hanmail.net

속빈 위장처럼 아무도 살지 않는 시골집에
홀로 뒤척이다 잠이 들었을 낡은 벽시계 하나
시계바늘이 째깍째깍 유년의 시간들을 잘라내고
먹감나무 사이로 낱 조각이 되어 사라진 소문들
혈색이 돌지 않은 홀아비의 저녁 하늘엔
쉽게 버려진 관심처럼 멈춰 서 버린 달빛
축 늘어진 시계추 밑에는 웅크린 옛 섬이 있다
먼지를 털어내고 벽시계 태엽을 감아보니
다시 뛰기 시작하는 아버지의 심장소리
오래전 당당하던 기운이 되살아나 댕댕댕,
벽을 보고 한바탕 호통치며 웃는 모습 환하다
정체된 시간들도 마당가득 초침을 풀어 놓는다
오늘은 세이코 벽시계, 영웅의 귀환이다

목련꽃 지다

월남할 때 삼팔선을 못 보았다고 하는 여자
시청 담장 밑에서 수십 년 노점상을 했다는데
서울 시청을 한 번도 본 적이 없다고 했다
여자의 그림자가 껌딱지처럼 붙어있는 거리,
고향집 목련엔 아기 손가락들 새살이 올랐을까
구부정한 허리 아래로 벗겨질듯한 몸빼바지가
낙화직전 꽃대궁처럼 헐렁하다

해방되던 해 그녀의 겨울이 서릿발처럼 서성대었다
바람 끝이 나뭇가지를 갈라 흰 꽃망울을 꺼내었지
밀생하는 잔털 사이로 매끄러운 피부가 만져졌다
스물한 살 하얗게 벌어지던 그녀의 자궁속 생명,
애타게 그리워하다 북향화가 되어 버린 목숨꽃
눈부신 봄날, 여섯 개의 날개를 치마폭에 숨기고
늙은 여자가 한숨처럼 앉아있는 나뭇가지 끝에

담장너머로 하얀 눈물이 떨어진다, 얼룩이진다
이별도 하지 못한 마지막 고백을 죽으면서 한다
수십여 해 눌려지고 찢겨진 꽃들이 멍들어간 세월

늙은 여자의 일상도 저물어가는 어느 비명의 봄에
목련꽃이 꽃차로 거듭나던 날 그녀는 가지를 떠났다.

시의 탄생

이월순
sw2524@hanmail.net

눈까풀 가물 가물 꺼져가는 이 밤
커피 한잔 기름 쳐 불 밝히고
고요한 밤 적막을 깨치는
독수리 자판기 소리
한 까풀 한 까풀 옷을 벗고
속살로 나오는 알몸의 생명체
하얀 종이위에 방울방울 눕는다

누구는 슬프지 않으랴

귀뚜라미 경음악에 가을이 오고
가을의 꼬리에서 낙엽이 진다
누구는 슬프지 않으랴
바람도 스치면서 울고 가는데

냉장고 사내

이진
1-s-jo612@hanmail.net

잠들면 떼 매고 가도 모르는 집채만한 몸뚱이
그는 한 기의 무덤처럼 덤덤하다
뱃구레만 채워놓으면 세상은 만사형통이다
학교로 유아원으로 아이들을 내보내고 아내도 마트로 출근하면
그때부터 그는 잠의 바다로 출항한다
출렁이는 뱃속은 먹이사슬의 대합실
프로크루스테스의 침대처럼 발치에는 발목 잘린 식물성이
머리맡은 머리 잘린 동물성 차지다
삼겹살, 고등어, 꽃게, 닭도리탕, 잡채, 비름나물, 해물탕
한바탕 뜨겁다가 식어버린 것들까지 영역을 다투고
미식가인 사내는 잠 속에서도 연신 입맛을 다신다
날 좀 보소! 휴대폰소리가 요란하게 꿈의 행성을 폭파하면
철커덕! 유아원 다녀온 사내아이가 아이스크림에 목매고
초등학생 딸이 딸기우유를 꺼내 들고 모니터 속으로 사라진다
아내가 유통기한 지난 먹거리를 다시 채워 넣을 때까지
심장에 빨간 불이 켜지도록 그는 어미 새처럼 제 속을 내어준다
제 목줄을 가족들이 쥐고 있다는 것을 사내는 안다
드라이아이스처럼 기어 나오는 새벽녘의 울음소리
탯줄 같은 투석기를 등 뒤로 감춘 채

자신의 관 속에서 서서히 부패하는 사내
쿵! 무너지는 순간까지
그는 결코 등 돌리는 법 없이
오늘도 아침이 그득한 한 집의 식탁을 피워낸다

껍질경전

태풍에 발목 부러진 소나무 한 그루
생의 끈을 놓지 않고 와불처럼 누워 있다
껍데기는 가라 누가 그랬던가
제 속살 다 빼앗겨버린 채 껍질만으로
가까스로 땅 속 뿌리 한 가닥 잡고 있다

나이테 잃은 소나무 제 나이도 잊고
상처 위에 켜켜이 상처를 쌓아
두툼해진 접목
줄기도 껍질도 아닌 껍질줄기가 되었다

껍데기에 매달린 생의 내력이 저 와불에 새겨져 있다
길게 펼친 껍질경전을
오며 가며 사람들이 읽는다
거친 흘림체로 씌어진 끈질긴 목숨

죽어서 다시 사는 나무

2013, 봄

정민아
breadmina@hanmail.net

역 광장에 나가 보았습니다
광기어린 소문처럼
두서없는 걸음 옮기는 사람들
다만, 봄은 불러주는 이 없이 찾아왔습니다

나무는 볕을 등지고 앉아
제 몸 근질어대는 햇발을
한 소쿠리나 잡았습니다

빈대, 벼룩이 마냥 집요하게 들러붙으며
화닥닥 쏘아내던 햇살이
겨우내 묵은 손톱 밑에서
톡 톡, 터질 때마다
새빠알간 통증이
가지마다 꽃이 되어 퍼졌습니다.

환각인지 생시인지 가늠할 수 없는
미친 아지랑이가
전쟁의 소문처럼 일렁거리던 오후 한낮

상처 딱지마다 꽃을 피워낸 나무들이
봄은 기특하다, 끌어안고 있었습니다.

그 사람

망초꽃 모가지
또옥-똑 분지르는 손, 잡아끌며
그 사람
내게 하는 말이

그냥 두어라
풀꽃도 풍경이다

척박한 땅 아래, 몸 누이고
은밀하게 뒤척이던 허연 다리가
자꾸만 꽃밭으로
달음박질 하고 싶어
힘쓰고 애쓰다가
퍼렇고
허옇게
풀꽃으로
피고 지는 것

그저
꽃으로 살고저

지 붕

정숙
ultary5@hanmail.net

눈 속에 파묻힌 지붕이
따뜻해 보이는 것은
그 안에 서로 보듬을 인연이 있기 때문이다

무서리가 내릴 쯤
서리 맞은 박줄을 걷어내고
햇짚으로 이엉을 엮고 용마루를 틀어
묵은 지붕을 갈무리하고서

휘청이는 사다리 끝으로
마지막 한 발을 내려놓으며
한 숨 돌리시던 아버지

날마다 아버지는
지붕을 올려다보며 둥근 박을 키우고
그 너머에는
파란 하늘이 있다는 것을 잊지 않으셨다

식구들이 둘러 앉아
희미한 달빛 아래에서 박을 타고
그 하얀 속살로 허기를 달래던

온 몸으로
눈을 떠받쳐 버티는 지붕이
아버지를 닮아 아득하다.

나의 미라

통 깁스 풀던 날
육포가 된
나의 왼 팔이 낯설었네

밤이면 다박다박 신경 줄을 타고
안부를 물어오던
뼈와 살점들

한 천년 쯤 전이었을까
한 천년 쯤 후가 될까

내 생애의 별자리가
화석으로 일어서서
암흑의 시간을 걸어나오네

날카로운 꼬챙이로 봉변을 가하고
알코올 살수를 서슴치 않았던
오른 팔의 도발행위가

고스란히
상흔이 되어 웃고 있네.

석류처럼

조선윤
seonyun7@hanmail.net

붉은 선홍빛 핏물 되어 흘러도
까맣게 타버려 숯덩이 되어도
하고 싶은 말 다 하고 살 수 없듯이
석류처럼 속이 꽉 찬 사람은
영혼이 생생한 피로 물든 채
평생을 살아도 안 할 말은
절대로 하지 않는다.
인품이 품은 것은
영원 무한하니
진실이 알알이 영글어
농익은 빨간 석류알처럼
속이 꽉 차도록
무엇을 담으며 살까
알차게 채울까 생각한다
새콤달콤한 맛이 배어나도록.

숲길에서

도란도란 속삭이는 계곡물
굽어 돌아서 수정같이 맑아라
울창한 계곡 따라 걷노라니
몸도 마음도 숲이 된다.

자연의 소리에 맑아지는 마음
한 생명의 근원이요
청정한 성품을 일으켜 세우는
지극한 아름다움은 지극한 진실이다.

산 빛 물빛 산문의 빗장 열고
투명한 빛을 맞아
내 면속 샘솟는 희열의 원음으로
소유와 집착의 끈을 풀고
자유와 안락의 쉼을 얻는다.

고마운 사람

조수선
suny4616@hanmail.net

먼 발치에서 이름만 들어도
만난 듯 반갑고
마음까지 푸근해지는 사람
나에게도 그런 사람 있답니다
번거롭고 복잡한 길
싫은 내색 하나 없이
어두운 밤길 등불되어
집 앞까지 동행하고
우두커니 혼자 일 때
살며시 다가와 따뜻한 손 내밀어
얼어붙은 마음 녹여주는
훈훈한 난로같은 사람
답답한 가슴 적시는
시원한 바람같은 사람
그래서 늘 고맙고 감사한 사람
곁에 있어 힘이 되고 버팀목이 되는
때로는 언니같고 동생같은
한없이 너그럽고 온유한
언젠가 어디론가 떠나가도

평생 잊지 못할 그런 사람
나에게도 있답니다.
참 고마운 그 사람

어머니

신록이 푸르던 오월
초록치마 펄럭이시던 어머니
시월의 낙엽되어 누우셨다.
풀기 잃은 두 눈
조롱조롱 열매 같은 자식들 얼굴 담은 채
설마하던 불효 여식의 가슴에
커다란 물 웅덩이 하나 파 놓고
그만 말문을 닫으셨다.
숨 쉴 틈 없이 종종걸음 쳤던 세월
가시밭길에 뿌렸던 눈물들
모두 접어
낙엽처럼 바스락거리는 가슴에 넣으시고
울긋불긋 단풍잎 꽃비되어 내리던날
살아생전 꿈에서나 보았던
예쁜 꽃신 받쳐신고
머나먼 하늘 가신 어머니
이젠 그 어느 누가
밤새워 날 위해 기도 하고
손 꼽아 날 기다려 줄까

못다한 효도
애통한 이별
한 가득 눈물 솟구치는데
눈 시린 가을 하늘 둥근 해 마저
이미 저물어
저물어
어둑한 산 모롱이에 주저 앉아
구슬피 울음 운다.

동양화 개인전에 가다

채미자
elkfarm2002@hanmail.net

구름 그늘이 시원한 오후다
나지막한 산들이 둘러앉은 고향 같은 마을
신미술관에서
김화백의 개인전이 열렸다
다분야 예술인 주민들이 참석했다
모자를 비틀어지게 꾹 눌러 쓴 긴 수염의 얼굴
잡히는 대로 신은 것 같은 짝 양말 신은 발
한쪽 바짓가랑이만 걷어 올린 다리
막 작업실에서 나온 것 같이 옷소매 걷어 부친 여류화가
분야별로 차림새가 독특하다
예술 작가는 자체가 예술 작품인가
잔디밭에 차려놓은 성찬과 다과는 끈끈한 수다에 안주다
합창단장의 잔잔한 앙코르송이
먼 고향 길 재 넘어가고
갈매기 세 마리 춤추며 논두렁을 넘는다
숨결 같은 바람이 솜털을 날린다
해가 구름자락을 걷고 쳐다보며
고향 땅
서산마루로 진다

임자도에서

바다 속에서 목만 내놓고 하늘을 보는, 임자도
공기가 마냥 가볍다
우리는 승용차 타고 솔 숲 사이를 질주
쌍굴 앞 인중펜션에서 짐 풀었다

방파제에서 숭어·광어 낚아 회 뜨고
오후, 새우 잡이 배타고 바다로 나갔다
어부의 그물타고 올라와 가판위에서 뛰는 새우
서울 공판장까지 가서도 뛴단다
다라 안에서 헤엄치는 세발낙지
다리를 젓가락으로 돌돌 말아
목구멍에 붙지 않도록 머리부터 씹어 삼켰다

우리는 또다시 노을바다로 갔다
썰물파도가 놓은 무늬모래
삽으로 푹푹 파서 장대를 세우고 그물을 매달았다
붉은 얼굴들의 붉은 이가 반짝인다
바다가 해를 삼켰다
광활한 밤하늘이 대낮같다
말간별이 총총한 복판으로 은하수가 시냇물처럼 구불구불하다

공해 한 접시가 서울의 밤하늘을 가려선가
서울의 밤하늘은 캄캄하고 임자도의 밤하늘은 별빛이 찬란하지 않은가
그 거리가 한 뼘인가
그 사이 나는
바람의 한 올일까?
나무에서 떨어지는 순간 땅속으로 스미는 물방울일까?
아니 망원경을 쓰고도 눈에 띄지 않을지도 몰라

임자도가 정수리까지 잠기는 날
자폭하는 별,
유성이 떨어진다

이끼

홍성남
ring0327@hanmail.net

오랜 시간 기다린다

습한 곳에서 느루 발 풀고 앉아
그 자리를 잠식한다
비 바람 이슬 어느 것 하나
허투루 흘려 보내지 않았다
한발한발 내디디며
터를 잡아 간다

개골창에도 길섶에도 나래에도
게으른 시간은 은밀히
발을 뻗는다

촘촘히 짜인 카펫처럼
아침 점심 저녁 치밀하지
않으면 어느새 눌러 붙어
자라는 짓푸른 더께

건조하면 사라지다
비소리에 귀를 세운다

밥

난 언제나 밥이었다

둘째아이가 안 깨웠다며
화풀이 할 때
씹어 먹던 밥
막내아이 입에 맞는 반찬이 없다며
냉장고 문을 쾅 닫을 때
말없이 먹던 밥
큰아이가 해준 것이 뭐있냐며
따져 물을 때
씩씩대며 먹던 밥
남편이 중요한 서류 잘 못 뒀다며
짜증 낼 때
구시렁거리며 먹던 밥
그런 밥이었다

그래도
허기질 때 먼저 찾는,
하루만 걸러도 보고 싶은,
아플 때 몇 끼 굶으면 그리운 밥

내 엄마가 내 밥이었던 것을
나 이제 알았다

어머니의 봄

홍숙영
oh5001@hanmail.net

어머니의 변화는 저녁 그림자처럼 다가왔다. 가족들의 귀가를 기다리며 찌개 냄비의 거품을 걷어내는 것처럼 아주 사소했다 처음에 우리는 그저 봄을 타기 때문이라고 여겼다 하지만 저녁 그림자가 불현듯 짙어지듯 찌개 냄비가 졸아지듯 그렇게 어머니의 위장은 가문 봄처럼 헐거워갔다

밥상은 어두웠다 가족들은 제 몫의 밥그릇을 비우고 서둘러 식탁을 떠났다

누군가 목구멍에 버티고 서서 뭐가 들어오나 지켜보고 있다면서 어머니는 둥근 밥상 근처를 서성였다 부드러운 것들로 모아진 밥상의 한없는 무거움이 어머니의 오늘이다

무거운 숟가락질 소리가 한참이나 머뭇거리고 진통제를 삼키는 등이 얇아졌다 죽그릇의 그림자가 길게 늘어지고 소파 위에는 일그러진 봄이 잠시 머물다 돌아갔다

철쭉, 철들까

철들기 전에 바람 먼저 들어
남의 속 아랑곳 없이 활짝
온 천지를 태울듯이 타오르다
소꿉질 한 번 못해보고 나동그라진

후드득 지나치는 봄비에
울그락불그락 홀로 달아올라
심장 어느 곳에 서러움 감춰두고
어느새 봄바람 새초롬 맞이하는

징검다리

한명희
myung4826@hanmail.net

궂은일 좋은 일이 모두
그 다리를 오고 갔다
이웃집 새색시 꽃가마가 건너왔고
할머니 꽃상여도 그곳을 지나갔다

사춘기도 그 다리를 징검징검
짧은 보폭으로 건너왔다

언덕을 넘어 밭이랑을 지나온 봄바람이
다리를 건너와 옷섶을 헤치면
나는 빈 하늘만 바라보며
서울로 이사 간 소년이 그리웠다

성숙을 지나 아슬아슬 사계절을 건너오며
삶의 난관을 부여잡고
수없이 휘청대는 발걸음을 잡아주던
졸졸졸 정겨웠던 원천수가 흐르는
스냅사진 같은
내 유년 속의 징검다리

잃어버린 봄

햇볕이 들다말다 하는 날
나비 한 마리
텃새 부리, 가시덤불에 찢긴 옷을 여미며
가쁜 숨을 고른다.

솔기마다 배인 시름 말리며
돌담 꼭대기에 머문 고요한 잠
잠깐 꿈꾸는 사이
푸른 하늘이 사라졌다

화려한 날개옷을 펼치는 순간,
캄캄한 하늘에서
우레와 소나기가 쏟아진다
세상을 헤매던 저 나비
꽃밭에 닿기도 전,

두 날개가
뚝 떨어진다

나비 없는 봄이 흘러간다.

삼월의 눈

한명숙
muskoog@hanmail.net

산수유 꽃이 손짓하는 뒷산
때 아닌 폭설로 하얗게 질려있다
거리의 방랑자가 된 계절
봄날이 사라지고 있다

어느 순간 사라지고 말
그날이 오고 있는 것일까
애써 외면하지만
눈으로 마음으로
받아들여야만 하는
굴절의 봄

네가 사라진 길을
기억해내고 달려갔을 때
우리가 함께하던 시간은
세상 어디에도 없었다

죽을 만큼
몸살을 앓아도 좋다

환장하게 아름다운 봄날을
너와 함께 기억하고 싶을 뿐이다

벚꽃

눈물 꽃이다

당신의 눈물

더 이상 감출 수 없을 때

피워내는 천상의 소리다

4월의 하늘

당신의 아픔을 보듬어

아름답게 피워낸 꽃

통곡의 소리다

수필

금줄을 만나다

강미애
kma0819@naver.com

금줄을 보았다. 친구와의 약속을 전통 농원으로 정했는데 마침 그곳 장독대에 금줄이 걸려 있었다. 구수한 된장찌개와 청국장 맛도 근사했고 수천 개의 항아리도 놀라웠지만 금줄을 만난 것은 새삼 반가운 선물이었다.

어린 시절을 보낸 나의 고향은 전형적인 시골마을이었다. 그래서 금줄을 발견한 것이 유난히 반가웠는지도 모르겠다. 금줄은 아기를 출산했을 때 삼칠일간 외부인의 출입을 막아 아기가 무탈하기를 바라는 산기産忌의 표시로 대문 앞에 달았다. 금줄이 걸리면 동네 사람들은 스스로 출입을 자제하고, 아기의 무사함을 기원했다. 또한 일 년에 한 번 정월대보름 경, 마을 동제를 지낼 때도 쓰인다. 제사를 지내기 전 제주의 집, 동네 어귀에 있는 서낭당과 느티나무 그리고 우물에 금줄을 치는 것이다. 어린 마음에 그곳을 지날 때면 괜히 무섭기도 하고 혹시라도 서낭당에 들어가면 '부정 탄다'는 어른들의 말에 감히 가까이 갈 엄두도 내지 못했다. 금줄은 그 자체로서 신성함과 두려움의 대상이었던 셈이다.

금줄은 어느 곳에 걸든지 그곳이 신성한 곳임을 의미한다. 물론 좋지 않은 기운의 출입을 제한하는 것이다. 장독대에 금줄을 둘러놓는 것 역시 같은 뜻이다. 장을 담그는 일은 그 집의 식생활을 좌우하는 아주 중요한 일이었다. 장을 담가 잘 익느냐, 그렇지 못하느냐가 그 집 식구의 일 년 식생활을 결정하기 때문이다. 그래서 부녀자들은 장 담그는 일을 매우 중요시하였고, 장 담그는 솜씨를 며느리에게 전수하기도 하였다. 또한 장맛으로 그 집안의 내력과 가풍을 안다고 하였으며, 장맛이 변하고 변하지 않음을 보아 그 집안의 유고와 무고를 가늠할 수 있었다고도 한다. 이렇게 중요한 집안 행사인 장을 담그고 나서는 부정없이 잘 숙성하기를 바라는 뜻에서 장독에 금줄을 둘러놓는 것이다.

금줄은 우리 잠재의식의 밑뿌리에 자리 잡고 있는 독특한 문화였다. 새끼를 꼬아 걸쳐놓은 행위에 공동체가 지켜야 할 도덕과 윤리 의식이 담겨있기 때문이다. 결국 금줄은 이웃을 배려하고 이해하는 마음, 하지 말아야 할 것과 지켜야 할 것에 대한 무언의 약속이었던 셈이다.

요즘 인터넷이 뜨겁다. '저작권 위반 과태료', '명예훼손 글 삭제 않으면 포털 처벌', 사이버 모욕죄 신설 등 인터넷에 관한 뉴스가 연일 등장하고 있다. 정보화 사회에 가장 대표적인 것이 인터넷이다. 인터넷은 자유로운 공간이고 이 자유로움을 바탕으로 발전해 온 것이 우리에게 자산이 되었음은 분명하다.

그러나 문제는 인터넷을 사용하는 사람들의 도덕성이다. 자유로운 의사표현의 명분을 앞세워 허위 글을 게재하고. 개인의 사생활을 침해하며 때론 진실을 왜곡시키고 있다. 불법과 무질서가 난무하고 있는 것이다. 사실 우리나라는 세계에서 가장 앞선 인터넷 환경을 보유하고 있다. 그럼에도 인터넷을 통한 의사표현의 자유와 한계라는 새로운 장애물 앞에서 심각하게 고민 중이다.

권리는 도덕적 의무를 동반한다. 자유로운 의사표현의 자유는 자신의 권리이다. 그러나 타인의 권리 즉, 침해받지 않을 권리를 무시하는 행위는 도덕적 의무를 지키지 않는 것이다. 그럼에도 익명성을 이용하여 편파적인 비판과 자신만의 의견을 무조건적으로 주장하는 것은 지나친 이기주의의 소산이다. 우리는 길을 건너야 할 때, 걸음을 멈추고 신호등을 바라본다. 그리고 녹색등이 켜지기를 기다린다. 그것은 보이지 않는 약속이며 의무이다. 또한 선이다. 선은 눈에 보이지 않는다. 그러나 우리 마음에는 있다. 약속을 어기고 경계를 넘어가면 자신은 물론 타인에게도 피해가 된다는 것을 알고 있으니 말이다.

친구와 농원을 걸어 나오며 장독대에 쳐 놓은 금줄을 다시 보았다. 금줄에 출입금지라고 써 놓은 것도 아닌데 누구도 그 장독대에 들어가지 않았다. 수천 개의 항아리를 구경하려면 금줄을 넘어야 하는데도 사람들은 그 금줄을 넘어가지 않았다. 어쩌면 우리는 까맣게 잊고 있었는지 모른다. 나만을 위해서가 아니라 우리는, 오랫동안 서로를 위해 마음을 나누고 정을 나누어왔다는 사실을….

금줄에 매달린 빨간 고추가 바람에 흔들리고 있다.

아주 별난 첫 키스

김경희
bomsky65@hanmail.net

중2 때였다. 자취 집 마당가엔 대추나무가 한 그루 있었다. 하루는 학교 갔다 오니 주인집 호랑이 할머니가 안 계셨다. 고마리 꽃 같은 여드름이 발긋발긋 핀 소녀들은 뭔가 저지르고 싶어 눈을 깜박대며 다홍색 혀를 날름거렸다. 누가 부추겼는지 대추를 따 먹기로 했다. 책가방을 내던지고 나무 아래로 갔다. 길목을 지나가던 대여섯 명의 남학생들도 우르르 몰려왔다. 문제는 슬레이트 지붕 쪽으로 다갈색 대추 다발이 뻗어 있는 것이었다. 가붓한 누군가 올라가야만 했다. 집게손가락이 일제히 나를 가리켰다. 그 당시 내 별명은 마른멸치였으니까.

친구들의 등판을 노둣돌 삼아 나는 지붕으로 올라갔다. 교복 치마 끝을 한 손으로 말아 쥐고 대추를 따 담았다. 지붕 아래서는 하얀 카라, 삐딱 베레모들이 손을 펼치고 대추를 달라고 아우성쳤다. 한 알씩 던져주면서 나도 달착지근한 대추알을 오도독 깨물었다. 한쪽 가지를 훑고 대추가 휘어지게 매달린 쪽으로 발을 내딛는 순간, "빠자작." 소리를 끝으로 정신을 잃고 말았다.

얼마나 시간이 흘렀을까. 알 수 없는 느낌이 내 의식을 깨웠다. 무언가 덮쳐 짓누르는데 눈을 떠보려 하면 다시금 까무러졌다. 얼굴과 목덜미를 핥고 입술을 틀어막듯 빨아 당겼다. 숨소리가 거칠고 훗훗한 콧김이 느껴졌다. 물컹하고 미끄덩거리는 느낌.

내 입술에 두툼한 살덩이가 포개져 긴박하게 미끄러지기를 반복했다. 공들이는 움직임이 격렬했다. 떨쳐내려 해도 팔이 올라가지 않았다. 맥없이 입술을 붙잡히고 있는데 술렁거리는 소리가 어슴푸레 들려왔다. 발짝 소리가 가까워졌다.

"쩔꺽, 쩔꺽."

궁둥짝 후려갈기는 소리가 들리는가 싶더니 끈적끈적한 살의 감촉이 그제야 입술에서 떨어져 나갔다.

"이 놈의 돼지 새끼가!"

열다섯 살의 첫 입술을 앗아간 상대는 수돼지였다. 맷돌에 눌린 듯 짜그라진 돼지의 코가, 지저분한 주둥이가 내 입과 맞닿았다니 곱씹을수록 비위가 상했다. 낡은 슬레이트 지붕짝이 내려앉는 바람에 일어나지 말아야 할 사건이 벌어진 것이었다. 어느 여자 행위예술가가 돼지우리에서 나체로 나흘 동안 먹고 자며 '돼지는 깨끗한 동물'이라는 퍼포먼스를 벌여 화제가 된 일이 있었다. 그래도 그렇지, 오물이 질척거리는 곳에 의식 없이 쓰러져 돼지한테 기습적으로 당한 나의 첫 키스라니.

드라마나 영화 속 키스 장면이 점점 격정적이고 다양해진다. 사탕 키스. 거품 키스, 풍선껌 키스… 욕망과 쾌감을 나누는 행위가 뜨겁고 짜릿하다. 모든 세포가 맞닿듯 한데 엉겨 희열을 표현한다. 혀로 26개의 알파벳을 쓰는 것처럼 길고 섬세하고 농밀하다. 사랑의 환희가 열띠다. 열정적으로 나눌 때는 12kcal의 열량이 소모된다는 대단한 스킨십. 야구장 키스 타임에서 전직 대통령 내외가 정중동 자세로 나눈 입맞춤은 싱겁기 짝이 없었다. 심장에 방아쇠를 당기듯 전투적인 키스를 나눴더라면 카메라 플래시를 왕창 받으며 역사에도 로맨틱하게 한 줄 기록됐으련만.

사람마다 첫 키스의 달콤한 추억이 있으리라. 누구는 '첫 키스는 초장 없이 먹는 광어회 맛'이라 하여 나의 환상에 왕소금을 뿌려버렸다. 아무리 어설퍼도 수퇘지한테 당한 것만큼 참담하진 않을 것이다. 천연 진통제인 엔도르핀이 샘솟는 키스. 펄펄 끓어오르는 연인들에게 필요한 것은 물 한 컵과 키스뿐이라는데, 하늘 쪽으로 수천 개의 비눗방울이 날아가는 느낌이 내게도 언젠가 있었던가? 위태하게 지탱하던 감정이 와르르 무너져 머릿속이 하얘진 첫 키스의 추억을 가슴에 품고 사는 이들이 부럽다.

억울한 해프닝도 시간이 흐르면 그 감정이 묽어지는 걸까. 첫 입술을 돼지한테 빼앗겼던 게 꼭 통탄할 일만은 아니라는 생각이 든다. 감전 사고로 엿가락처럼 늘어진 동료를 위해 전봇대에 아찔하게 매달려 숨이 돌아오라고 끊임없이 입 맞추는 모습이 포착되었다. 그 장면 사진이 '세상에서 가장 아름다운 키스'로 퓰리처상을 받지 않았던가. 마른멸치가 죽었다고 무서워 친구들이 도망간 마당에 돼지마저 숨길을 터주지 않았더라면 나는 어떻게 됐을까. 아주 별난 첫 키스, 아마도 억센 숨결이 나를 살려낸 게 틀림없다. 수퇘지씨한테 두고두고 고마워해야 하나보다.

말의 진미

김상기
rancho413@hanmail.net

요즘 봉사 나가는 곳에서 삼순이라는 아줌마를 알게 되었다. 생긴 모습이나 하는 행동들이 특이해서 유난히 모임에서 도드라지는 이다.

몸은 뚱뚱하다 못해 배불뚝이 살이 옷 위로 불거져 나올 정도고, 눈은 원래 왕방울만한데, 말을 할 때면 더 크게 뜬 채 눈동자를 희번덕거리며 돌리는 버릇이 있다.

무엇보다 말을 맛있게 하는 점에서는 삼순이 아줌마를 따라갈 사람이 없다. 총각무로 동치미 담그는 얘기를 하면, 금새 잘 익은 동치미가 입 안으로 들어오는 것 같다. 쏴하고 시원한 국물에 섞여 무 건더기가 아삭하게 씹힌다. 집에 돌아오는 대로 새 동치미를 잔뜩 담아보지만 맛이 신통치 않다. 삼순이 아줌마가 이끌어 내는 맛은 현실 너머의 환상, 한 번도 맛보지 못한 어떤 갈망을 담고 있는 것 같다. 그러니 말을 듣고 있는 동안에는 모두 침만 꼴깍꼴깍 삼키면서 머리 속에 떠오르는 맛을 즐기고 있을 수밖에 없다. 말의 요술쟁이가 따로 없다.

아침에 만날 때부터 모두 그 이 곁으로 모여든다. 우거지찌개 이야기가 흘러나오면 모두 우거지 줄거리 하나를 손에 들고 밥에 척 올려먹는 환상 속에 빠져든다. 봄날 같으면 어린 뽕잎으로 나물을 무치러 우리 모두를 뽕밭에 데려다 놓고, 뽕잎 같이 커다란 눈망울로 된장과 갖은 양념에 자신의 맛을 섞어 풀어놓는다.

뚱뚱한 몸이지만 둔하지는 않아서 못가는 곳이 없고 넉살이 좋다보니 못 끼는 자리가 없다. 도봉산으로 등산이라도 가면 사람들이 모여 있는 곳마다 비비고 끼여 앉아 음식까지 얻어먹는다. 그렇다고 평소에 안면 있는 사람이 그렇게 많은 것도 아니라니 보통 붙임성으론 상상도 못할 일이다.

그러다 한동안 삼순이 아줌마가 봉사 현장에 보이지를 않았다.

알고 보니 집 욕실에서 미끄러지면서 크게 다쳤다고 했다. 나이 많은 여자의 약한 뼈가 탈이 났던 것이다. 등뼈에 구멍이 나고 허리뼈엔 금이 갔다니 보통일이 아니었다.

그녀가 빠진 봉사자 모임엔 웃음이 없어졌다. 맛있는 음식, 그 먹어볼 수 없는 갈망이 없어졌다. 휑한 자리가 허기처럼 아프게, 슬프게, 힘들게 하루를 대신 채우고 있었다.

문병 가서 본 삼순이 아줌마는 건강할 때와는 달랐다. 몸이 아프니 당연한 일이겠지만, 커다란 눈망울 가득 수심을 담고 있었다. 잠시도 멈춰있지 않고 빙글빙글 돌아가던 눈동자도 한곳만 응시하고 있었다. 연신 쏟아내던 말 속의 맛들도 상해버려서 간간히 군내 나는 음식들만 머리 속에서 떠오르다 사라졌다. 그녀의 몸이 정상으로 회복되려면 1년이 걸린다고 했다. 그녀의 맛도 그 다음에나 다시 돌아올 것이다.

음식의 환상. 맛에 대한 갈망. 그것은 사실 그리 중요한 일이 아닐지도 모른다. 그녀를 알기 전에도 요리는 항상 해왔던 일이고, 한 끼를 해결한다는 것이 그리 버겁지도 않다. 단지 냉장고 안에 넣어 둔, 먹다 남은 반찬꺼리들이 자꾸 늘어간다는 것. 먹던 반찬이 다시 상에 올라 식구들의 핀잔이 부쩍 늘어버렸다는 것. 그것이 내 안에 남은 침울한 허기의 결과들일 지도 모르겠다.

내일은 그가 오래 전에 얘기했던 고등어조림을 해 볼까 한다.

무를 큼지막하게 썰어 냄비에 깔고, 그 위에 가지런히 고등어를 올려놓고, 된장, 고추장, 갖은 양념을 뿌리고. 그렇게 푹 졸이면 무 맛이 고기 맛이여. 그렇게 입을 실룩거리면서 눈을 동그랗게 뜨고 하던 이야기. 그 이야기 속의 맛이라니.

말하는 재주가 누구보다도 월등했던 삼순이 아줌마. 그녀는 휴가 중이다. 그 긴 휴가가 끝나면 새로 봄이 되어있을 것이다. 그 때 그녀는 또 어떤 나물로 군침 돌게 하는 맛을 우리 앞에 꺼내 놓을까.

나의 아침은 언제나 미약하다

김새봄
kimc43@hanmail.net

차분차분 흩날리던 눈발은 어두워질 무렵부터 본격적으로 쌓이기 시작했다. 이대로 밤새 퍼부을 기세다. 슬몃 내일 눈 치울 일이 걱정된다. 가로등 불빛도 모자라 환한 대낮처럼 정원등까지 켜놓고 눈을 치운다. 집 앞 길에서 저 길 끝까지 서까래를 밀고 돌아서면 또 하얗게 쌓이는 눈, 온 사방 천지가 새하얗다.

새벽녘의 방안은 여느 날보다 밝았다. 눈을 뜨자마자 커텐을 젖히고 내다본다. 공포감을 줄 정도로 쌓인 건 아니어서 일순간 안도감이 인다. 먼 산의 나무들이 창을 통해 한 눈에 들어온다. 나뭇가지가 다 휘어질 정도로 쌓인 듯하다. 누워서 바라보는 풍경은 설레임과 행복감을 동시에 안겨주어 특별한 느낌을 자아낸다.

집 지을 때 무작정 큰 창을 낸 것은 아파트 생활만 해 온 탓이다. 장대비가 내리는 장마철이나 폭설이 내린 오늘 같은 날, 저 멀리 하늘이 맞닿은 산을 누운 채 바라보면 좋겠다는 바람으로 과감하게 사방 창을 달았다. 누워서도 밤하늘 달과 눈 맞춤을 할 수 있어 좋기는 하지만 늘상 그걸 염두에 두고 생활하는 건 아니었다. 나는 늘 이렇듯 계산에 약하다.

누워서 설경을 감상한다. 벌써 해가 산봉우리에 걸쳐있다. 저 해는 곧, 눈 깜짝할 새 온 누리를 점령할 테다. 생각을 접고 얼른 몸을 일으킨다. 어서 산에 가야겠다. 키 낮은 나뭇가지에 쌓인 눈꽃송이, 그 순백의 눈을 보러가자.

마당을 가로질러 간밤에 치운 길 쪽을 바라보고 섰다. 어젯밤 쓸어낸 만큼 쌓였다. 길목에 서 있는 자작나무들이 근사한 겨울 풍경을 보여준다. 바라보는 마음이 푸근하고 넉넉해지는 걸 보면 눈은 사람의 마음을 정화시키는 힘이 있나보다.

산으로 달아날 궁리를 하다 생각을 바꾼다. 푹푹 빠지는 눈 구덩이를 헤치는 재미를 맛보고 싶지만 산에 다녀오면 그 새 이웃이 눈을 다 쓸어버릴 것만 같다. 그건 참 미안하기 짝이 없는 노릇, 우선 길 위의 눈부터 치우기 시작한다. 익숙하지 못한 노동으로 인해 조금 치우고 허리를 펴야 한다. 행동이 굼떠서 그렇지 정갈해진 길을 바라보는 즐거움에 힘든 줄을 모르겠다. 순백의 아침은 고적한 가운데 주위가 밝아지는 기운을 홀로 받는 느낌이 여느 날과 다르다. 누구에게라도 이 벅찬 기분을 전하고 싶다.

최근에 아침을 사랑한다는 사람을 만났다. 예전부터 그녀를 알고 있던 셈인데 십 수년이 지나 만나보니 전에 느꼈던 모습이랑 많이 달려져 있었다. 바쁜 삶을 즐기는 모습을 보면서 그동안 쌓아온 사회적 위치가 저절로 오른 게 아님을 알게 되었다. 이상과 가치관이 비슷해 한 길을 걷고자 했던 그때, 까마득히 잊고 살았던 그 시절이 문득 그리웠다. 한 우물을 파서 그 분야에 우뚝 선 그녀를 보니 언제나 나의 시작은 미약하기 짝이 없었다는 사실을 깨닫는다.

아침을 사랑해서 웬만하면 새벽에 만남을 약속해도 좋다는 말에 한 대 얻어맞은 기분이랄까. 식구들 밥은 언제 챙기고, 하루 시작되는 일정은 어찌하고, 일반적인 여자들 사고를 단번에 뒤집어놓다니. 내가 어쩌다 만나는 신 새벽의 고요함. 청정함을 맛보는 정도와 비할게 아니었다. 밝아오는 여명의 순간을 즐기기 위해 일부러 일찍 잠든다는 마음자세부터 다르지 않은가.

아침을 사랑하는 이에게 말을 걸고 싶으면 나도 아침을 사랑해야 한다는 것, 새벽이면 카메라를 들고 산을 오른다는 K와 동틀 무렵 훨씬 이전에 깨어 산책을 나선다는 한 얼굴을 떠올린다. 그런 이들과 감성을 나누고 싶어 눈이 많이 내리면 어쨌든지 우선 숲 속의 풍경을 만나러 산을 오르겠다는 약속을 스스로에게 해 두었다. 그랬는데 알람 시계소리에 눈을 뜨고 난 후 이불 속에서 무슨 잡생각이 그리도 많이 오갔던고!

눈 치우는 일은 금방 끝내지지 않았다. 어느새 대지에 스며든 햇살을 등 뒤에서 받고 있다. 조바심이 인다. 온 누리 눈들은 진작부터 녹기 시작했으니 나의 산으로의 회동이 애초 계획한 시간과 너무 벌어진 탓이다. 새벽 해의 기운이 닿기 전 순백의 눈꽃송이를 보러가겠다던 야심찬 계획은 무참히 무너져 내렸으니….

어영부영하는 사이 해는 정오를 관통하고 있다.

눈 덮인 산길은 발목까지 푹 빠지게 한다. 앞서 누군가 길을 낸 이의 발자국 속으로 발을 집어넣으며 간다. 더딘 걸음이지만 시린 파란 하늘과 바람결에 온 몸을 맡기며 걷는다. 내가 카메라 셔터를 누르는 사이, 양지쪽 소나무 아래 눈이 없는 곳으로 알피가 피신해 있다. 알피가 오늘은 무척 힘들어 한다. 눈을 피해 한 발을 들고 서 있거나 눈이 덜 쌓인 곳을 곧잘 찾아 들어가 서 있다. 안쓰럽다. 여느 때 알피! 하고 부르면 저만큼 내달리다가도 뒤돌아 기를 쓰며 달려왔다. 불러보지만 조금 뛰어오다 자신이 없는지 멈춰 선다. 다가가 턱이며 배, 다리에 조랑조랑 매달린 얼음조각 눈뭉치를 한참 떼어준다. 한 쪽 발을 쳐들어 내게 몸을 맡기는 알피를 보며 이게 말 못하는 짐승이 맞는가 싶다.

낮달이 푸른 하늘에 아련하게 떠 있다. 산 속 빈 의자를 만나니 더없이 반갑지만 우물쭈물하다보니 저물녘이다. 기온이 떨어지니 갈 길을 재촉한다. 내리막은 저절로 내달렸다. 그러다보니 신발이 끌려 눈 위에 긴 흔적을 남긴다. 흰 눈과 파란색의 대비, 이 쪽과 저 쪽 하늘색이 다르다. 푸른색이 진하게 물든 하늘색은 내 영혼을 푸른 기운으로 휘감아 버린다. 아득한 정신이 되살아나 발길을 재촉한다.

마을의 파란색 지붕은 흰 눈이 덮여버려 하얀색 지붕으로 바뀌어 있다. 이렇듯, 늘 가진 본연의 색이 달리 보이는 풍경을 만나는 것도 창밖을 나서야 가능한 일. 심호흡 하듯 깊숙이 내 안으로 풍경을 담는다. 늘 깨어있는 사람이 새삼 부러워지는 하루. 나의 아침이 창대하기를 소망해 본다.

순서 없는 길

김숙경
skprtty@hanmail.net

태어나는 것은 순서가 있어도 죽는 것은 순서가 없다는 말을 실감한다. 예고 없이 터지는 불의의 사고로 운명을 달리하는 사람들을 본다. 죽는다는 일이 정해져 있다면 살아온 삶을 정리라도 할텐데 갑작스러운 죽음은 허망하다는 생각이 든다. 오늘이 마지막인 것처럼 살라는 말도 후회하지 않을 삶을 살라는 예언처럼 느껴진다. 순서가 있다면 마지막 가는 길을 준비라도 하고 만나서 위로할 수 있다면 좋으련만 느닷없이 들려오는 비보는 허무한 마음을 준다.

가끔씩 안부가 궁금한 사람이 있다. 특별한 일이 없으면 연락하는 일이 생뚱맞아 잘 있겠지 무소식이 희소식이라는데 궁금한 마음을 덮어두게 되는 일이 많다. J,그녀가 이 세상 사람이 아니라는 얘기를 들은 것은 발인이 이틀 지난 오늘에서야 알게 되었다. 한 번 정도는 안부를 나누고 살았다면 안타까운 마음이 덜했을 텐데 무심한 마음이 그때 언제인가로부터 단절되었고 이젠 영원히 볼 수 없게 되어버렸다. 아이들 자모로 만나 것도 아니었고 직장에서 만난 사람도 아니었다. 그녀는 주민자치센터에 스포츠댄스를 배우게 되면서 문고가 있다는 것을 알았고 봉사라는 것을 하게 됐다. 지역 주민을 위해 책을 대출해주는 봉사를 하면서 한 달에 한 번 자신만의 위해 휴식하는 일이 좋다던 그녀, 이런 단체가 있다는 것도 모르고 살았다며 행복해 하던 그 미소가 생생하다.

아는 사람이든 모르는 사람이든 누군가의 죽음과 자주 만나게 되는 나이라는 생각이 든 건 한참 전이다. 어릴 적에 할아버지, 외할머니의 죽음은 노환이니 자연스러운 것이라 생각했고 마흔아홉 작은 아버지, 군에 간 막내 삼촌의 죽음은 슬펐지만 아픈 것이 어떤 것인지 몰랐던 것 같다. 죽음이란 남의 일처럼 저 멀리 있는 것이라고만 생각했었다. 가까운 친인척의 죽음과 만난 일은 그렇게 세월이 흐르면서 묻혀져 가는 듯 했다. 아직 생존해 계시지만 언젠가는 이 세상과 멀어져 갈 연세 드신 양가 부모님들과 이별을 하지 않은 일만도 감사하며 살아간다. 아직 내 혈육의 죽음 때문에 아파하지 않아도 되는 것이 다행스럽다. 모두의 희망사항 이겠지만 살아가면서 험한 일을 만나지 않았으면 좋겠다.

문득 그리운 사람이 또 하나 있다. 그녀와는 글 쓰는 공부를 배우기 위해 문예창작반에 등록한 것이 인연이 되어 친하게 지내는 계기가 되었다. 그녀는 시를 공부했고 감각 있는 시를 써 칭찬 듣는 시인이었다. 그동안 앓아왔던 병세가 재발되어 입원에 입원을 거듭하다 결국은 세상과 하직한 그녀도 내겐 아프고 그리운 상처다, 마지막 인사가 아직도 아련한 그녀의 '또 와' 하던 슬픈 눈과 목소리가 마지막 만남이 될 거라는 것을 그때는 눈치 채지 못했다. 또 만날 수 있을 거라 생각하고 돌아왔는데 본인은 이미 죽음을 받아들이고 있었던 것 같다. 그녀는 준비했고 나는 아직은 아니겠지 이별을 생각해보지 않았다.

아직 핸드폰에 저장되어 있는 J, 그녀의 카톡 프로필에 써있는 글과 전화번호도 어느 날 삭제되고 없는 국번으로 뜨게 되겠지. H가 떠난 뒤에도 한동안 그녀의 전번을 지우지 않았었다. 가끔 전화를 걸어 신호음이 한 번 가면 끊었다. 그때까지 핸드폰을 가지고 있는 일이 그리움을 간직하는 식구들의 애절함 같았다. 그러던 어느 날 없는 국번이라는 안내 멘트가 나오면서 그녀의 완전한 부재를 실감했다. 내게 저장 되어있던 전번을 지우지 않은 일은 한번 정도는 세상에 없는 H에게 나 스스로 약속한일을 지키고 싶어서 그랬는지도 모른다. 듣지 못했고 만나서 이야기 했던 일도 없었지만 두고 간 남매에게 밥 한번 사주기 위해 전화 할 일을 남겨 두었는데 아직도 지키지 못했다. 그때는 어떡해야 하지 방법을 찾다가 시간이 흘렀고 지금은 그 일도 새삼스러운 일 같아 생각을 놓아버렸다. 그녀에게 미안한 마음으로 남아있다.

오래 앓아왔던 병마와 싸우던 H와 갑작스런 교통사고로 착한 웃음을 더 이상 볼 수 없는 J, 그냥 알았던 사람들을 떠나보낼 때와는 다른 감정의 교차, 심장이 아프다는 이야기를 이런 때 쓰는 말 같다. 차라리 나이가 들어 이 세상과 작별한다면 그리 가슴 아프지 않았을 텐데 순서 없이 죽음을 맞이한 그녀들은 남겨진 가족들이 얼마나 아파할까도 모르는 세계 속으로 가벼렸다. 죽음은 영원히 만질 수도 없고 말을 할 수도, 만날 수도 없다고 했다. 영원히 이별하는 일, 언젠가는 희미해져 기억조차도 없어지는 일, 세상과의 영원한 단절이란 정말 허무한 일 같다. 살아서 며칠만이라도 나를 정리할 수 있는 죽음을 맞고 싶다. 갑작스럽게 홀연히 가지 않는다면 정리하는 일은 내 손으로 하고 싶다. 애지중지하던 내 것들과 이별할 준비를 하고 싶다. 무작위로 버려지는 일은 싫다. 작은 소망이라면 어느 날 갑자기가 아닌 조금의 시간을 두고 고마웠던 사람들과 목소리를 나누고 싶다. 그 때의 마지막을 누군가가 아쉬워하고 그리워하는 사람으로 남고 싶다. 누구나가 소망하는 일처럼 그렇게 순서 없는 길 일지라도 그렇게 가고 싶다.

부강대우 이야기 vu cong dieu

김창희
b8130@hanmail.net

지금 내 눈엔 남몰래 눈물이 고여 흐른다. 술을 마시면 고약한 버릇이 있는데 눈물이 많아지는 병이다. 낮술을 한 것도 아니고 그저 허연 연무를 보며 커피한 잔 들이키고 있을 뿐인데 눈물이 난다. 아들 같은 "부강대우"라는 베트남 청년생각이 늘 머릿속에 박혀있다. 오래된 지병처럼 부강대우가 들어와 앉아 꿈쩍않는다. 스물네 살의 베트남 청년인 그는 오남매의 맏이로 태어났다. 어머니는 아픈지 오래되었다고 하고 아버지는 경제적 능력을 상실한지 많은 시간이 지났다고 한다.

그를 만나게 된 건 1년 전의 일이다. 일요일이면 외국인 근로자들이 갈 곳은 많지 않다. 산업단지를 두고 있는 지역에서는 외국인들을 위한 외국인복지센터를 대부분 두고 있는데, 이곳에서 한국어교실을 비롯해 운전면허취득과 각종 스포츠 활동도 하게 되고, 자기나라에서 온 친구들을 만나게 되기도 한다. 그런 이유로 일요일이면 늘 외국인센터는 북적거린다. 봉사활동을 하러 가는 곳인 외국인복지센터에서 그를 만나게 되었다. 그는 자주 만나왔던 친구처럼 편안하게 다가왔고, 우리의 말이며 글, 한국생활에 대해 배우려는 자세가 무척 적극적이었다. 그런 그에게 나는 호감을 갖게 되었고, 한 가지라도 더 알려주고 싶은 생각이

들었다. 매주 일요일이면 그렇게 대우를 만나게 되었고, 자주 만나다 보니 쉽게 가까워지고 친해지게 되었다. 몇 주가 흐르고 함께 급식을 하고, 함께 공부를 하면서 차츰차츰 서로 속내를 말하기 시작했다. 베트남에 애인이 있었다는 얘기에서부터 부모님과 동생들 이야기까지. 베트남은 지형 상 상, 하의 이동거리가 상당히 있는 먼 곳이라고 한다. 우리나라로 말하자면 서울에서 부산 정도의 거리에 있는 옛 애인과는 멀어서 자주 만나지 못했다는 이야기들이며, 동생들의 철없는 얘기와 부모님의 의존적인 생활태도 등 여러 이야기를 토하듯 뿜어내는 그가 내 맘에 들어와 더 아릿하다.

처음 인사할 때 참 많이 웃었던 기억이 난다. 이름이 부강대우 부강? 대우? 대우를 부강하게? 이런저런 상상을 하며 잠깐 동안 즐거웠는데, 한국에 처음 들어와 공장에 입사해서 직원식당 아주머니가 어려운 부쿵대이우라는 베트남 이름대신 비슷한 발음의 부강대우라 부르기 시작했다고 한다. 그때부터 그는 부강대우가 되었다

베트남에서는 맏이의 역할이 대단히 중요하다고 한다. 맏이는 성별의 구분이 없이 가족의 생계를 맡아야 하는 책임이 일정 부분 어깨에 매어지게 된다고 했다. 그 역시 맏이로 태어나 그러한 것에서 자유롭지 못했고, 또 그런 이유로 한국에 오게 되었다고 했다. 자그맣고 깡마른 체구에 하얗고 가녀린 손은 고생 없이 곱게 자란 청년처럼 보였고, 내 아들과 같은 나이인 그를 보니 더

보듬어주고 싶은 생각이 들었다. 유난히 여자 손톱처럼 길게 자란 손톱에 눈길이 갔다. “손톱이 예쁘네? 손톱을 왜 그렇게 길게 길러 남자가?” 하고 의아해하는 내게, 회사에서 필름과 관련된 일을 하는데 손톱이 짧으면 힘든 일이라고 하며 멋쩍게 웃는다. 웃는 모습이 어찌나 수줍고 색시 같은지. 내 아들은 아직 대학생이다. 고생을 모르고 자라서 그런지 세상 물정엔 밝지가 않다. 비슷한 나이의 그를 보니 왠지 모르게 안타까움이 밀려든다.

지난 일요일에는 그가 조그만 소형차를 직접 운전해서 왔다. 기특하기도 하고 대견스럽기도 해서 꽉 안아주고 싶었다. 회사의 사장의 부인이 타던 차를 싸게 샀다고 자랑하며 활짝 핀 벚꽃처럼 화사하게 웃었다. 외국인센터의 프로그램 중 운전면허취득과정이 있는데 그곳에서 배워 운전면허증을 취득하게 되었고 차까지 몰게 되었으니 얼마나 기특한 일인지.

아주 오랜만에 순댓국을 사주겠노라 했던 약속을 지키게 되었다. 언젠가 먹고 싶은 음식을 물어본 적이 있었는데 뜻밖에도 그가 먹고 싶다던 음식이 순댓국이었다. 저녁식사 자리에서 그의 친구와 함께 자리하게 되었는데 그 친구의 이름이 타이였다. 여릿한 얼굴에 깨끗한 피부를 지닌 그는 손가락의 부재 때문인지 왠지 우울하다. 자신감도 내려놓은 것 같고, 그런 그의 모습에 어찌할 바를 모르겠다. 이상하리만큼 미안한 내가 그의 얼굴에 비친다. 옅은 감색 버버리코트에 체크무늬 남방으로 한껏 멋을 냈고, 머리는 단정하고 가지런히 빗어진 상태며, 검은색 구두는 반들반들 윤이 난다. 타이는 한국에 온지 석 달 만에 왼쪽 엄지손가락을 잃었다. 작업환경이 열악한 곳이기도 했지만 장갑을 끼고 일을 해야 하는 작업장이었는데, 잠깐 동안의 방심으로 장갑이 기계에 딸려 들어가면서 손가락이 절단되는 사고를 당했다고 했다. 넉 달 동안 열한 번의 수술을 거쳐 다친 왼손 엄지손가락은 형태는 잡혀가고 있지만, 손가락 마디 하나 정도가 짧게 매듭지어있는 상태로 아직도 여러 번의 수술을 받아야 한다고 한다. 훗날 생채기로 남은 손가락을 보며 그는 한국에서의 아팠던 날을 기억할 것이며, 또한 그 손가락을 보며 지나온 시간들을 웃으며 얘기할 수 있길 바래본다. 베트남에서 온 타이도 맏이라는 굴레에서 자유롭지 못했을 것이다. 그도 많은 책임을 어깨에 짊어진 채 큰 꿈을 안고 입국하게 되었고, 그러던 중 사고를 당하게 된 것이다. 밥을 먹는 내내 그는 왼팔을 내 보이려 하지 않았다. 한손을 주머니에 넣은 채 오른손을 바삐 움직일 뿐이었다. 파릇한 나이에 마음에 옹송그리듯 수많은 갈등과 아픔을 깊이 뭉개놓고 있을지도 모를 일이다. 그의 아픔이 내겐 또다시 상처되어 가슴에 쌓인다. 미처 물어보지 못한 타이의 꿈이 궁금하다. 타이도 베트남으로 가서 분명 하고 싶은 일이 많을 것이고, 미래의 꿈을 위해 매일을 열심히 살아내고 있을 것이다.

대우의 꿈은 훗날 베트남으로 돌아가 한국음식 전문식당을 여는 것이다.

이곳에서 김치에 길들여진 입맛을 쉽게 바꿀 것 같지 않다는 것이 그의 말이며 한국과 베트남의 식성이 많이 닮았다는 말을 한다. 김치의 가격이 베트남에서는 꽤나 비싼 모양이다. 함께 가서 김치공장이나 할까 하며 실없는 소리를 했다. 타이 또한 베트남에서 성공한 사업가가 되어 있을 미래를 생각해 본다. 나는 그들의 꿈이 주저앉지 않기를 바란다. 부디 이곳에서 열심히 생활하고, 본국으로 돌아가 그들이 꿈꾸는 근사한 한국음식 전문식당의 주인이 되기를 소원한다. 얼마나 멋진 일인가? 훗날 베트남 여행을 간다면 그가 운영하는 멋진 한국식당에 앉아 그와 두런두런 한국에서의 추억과 고단했던 옛 애기들을 나누고 싶다. 그렇게 둘러앉아 있을 우리를 생각하며 지금 즐거운 상상을 해본다. 타이가 멋진 모습으로 공항에 마중을 나오는 모습과 함께.

오랫동안 이 두 명의 베트남 청년을 잘 보듬으며 건사해야겠다는 생각이다. 더 밝은 그들이 될 수 있도록, 한국에서의 멋진 기억들을 위하여.

아버지의 외상장부

노기화
23hohoho@hanmail.net

아버지를 보내드리고 유품 정리하면서 찾은 것은 외상장부였다. 날짜 옆에 빼곡히 일기처럼 써 내려간 아버지의 흔적들을 간직하고 싶어서였다. 조붓한 집안 구석구석을 찾아도 없었다. 많던 장부들은 다 어디로 사라졌는지 친정에 갈 때마다 어머니한테 물어보았다. 그나마 두어 해 전에 창고 구석에서 몇 권을 찾았다. 가장자리가 쥐에 뜯긴 것도 있었지만 얼마나 반갑던지. 장부를 펼치자 훅 끼친 것은 눅진한 담배냄새였다. 그것은 내 아버지의 냄새였다.

육 남매를 거둬야 했던 아버지. 시골에서 여느 집처럼 논마지기가 많지도 않았으니 밭뙈기 농사로는 자식들 뒷바라지가 어림없었는지 구멍가게를 열었다. 가게라야 서너 평이나 될까. 그때 나는 사춘기에 접어든 중학생이었다. 선반에 과자봉지를 차곡차곡 쌓아올리는 아버지의 등을 바라보며 희망까지 쌓아 올리신다고 생각했다. 동생들은 한껏 들떠 있었다. 소풍날에나 병 주둥이를 물고 마셔볼 수 있었던 사이다 상자를 만지작거리던 셋째 동생, 물건을 가지런히 진열하느라 가뜩이나 바쁜데 신이 난 어린 두 동생은 아버지 양팔에 매달려 깔깔거렸다.

가게를 연 첫날에 동네 사람들은 다들 다녀가셨다. 개업 기념으로 한 시루떡을 드시며 당장 필요하지도 않은 빨랫비누라도 한 장 팔아주셨다. 고만고만하게 사는 형편이었으나 시골 인심은 넉넉했다.

"딸 부잣집이라 돈도 알아서 들어 올겨."

어르신들의 덕담에 아버지는 두 손을 앞으로 모으고 거듭 머리를 숙이셨다. 해질 무렵이 되자 북적이던 가게 앞도 조용해졌다. 아버지는 등나무가 있는 마당 평상으로 우릴 부르셨다.

"자, 우리 딸들 애썼지? 개업기념으로 아버지가 처음 산 선물이여."

노란 양은 쟁반위에 우수수 쏟아지던 과자들, 올망졸망 둘러앉은 자식들을 내려다보던 아버지의 따뜻한 눈빛, 포도송이처럼 매달린 등나무 꽃 아래서 열렸던 그날의 조촐한 파티는 지금도 봄날 꿈꾸듯 아른거린다.

당시 교통사정이 좋지 않던 고향마을 사람들은 5일장이 열려야 십 여리 넘는 길을 걸어 필요한 잡화나 아이들 간식거리를 사오곤 했다. 손에 돈을 들켜지기가 궁한 때라 급하면 달려오는 곳이 우리 가게였다. 그러다 보니 추석 외상값을 이듬해 가을이 되어야 받게 되는 일도 잦아졌다. 소소한 일까지 메모를 잘 하셨던 아버지가 외상장부를 쓰기 시작한 것도 아마 그때부터였으리라. 자주 외상으로 가져가는 사람들에게는 개인 장부를 따로 만들어 본인이 직접 적게 하고, 또 종합장부에는 마을별로 적어서 관리하셨다.

1973년 5월 17일 소리마을 맹씨부인 라면 3봉지, 환타 2병, 박하사탕-라면땅 2봉지, 옆에 강씨 부인이 후동 김씨네 혼사 이야기 나누었음.

1973년 4월 25일- 뒷골 양씨-소주 2병, 오징어 1마리, 뽀빠이 3봉-큰아들 군대 간다고 하여 3봉지, -큰아들 군대 간다고 하여 소주 1병 과자1 선물함. 몸이 말랐으나 기개가 있는 청년으로 나라에 충성할 것임.

나루터 김씨-소주 大 2병, 맥주 5병, 오징어 2마리- 서울 영등포 친척이 왔다고 하는데 어려운 집에 손님이 자주 왕래하니 걱정됨.

물건을 가져간 날짜와 시간, 함께 온 사람과 나누던 이야기, 그 옆에 들러리로 서 있던 동네 옆 사람까지. 마치 연극 대사에 등장하는 인물들을 나열하듯 구체적으로 써 놓았다. 서로의 기억만을 믿기에는 곤란할 만큼 많은 날이 지나다보니 외상값보다 당시의 상황들을 더 길게 적은 듯하다.

장부 중에는 아버지만 아는 엑스파일 같은 노트 한 권이 또 있었다. 거기엔 심심치 않게 등장했던 특이한 인물들이 여럿 있었다. 용호리 목통 큰 사람, 원적골 백골치, 수룡동 꼴뚜기, 호미골 빨간 통.

"아버지! 목통 큰 사람은 뭐고 백골치는 뭐예요?"

목통 큰 사람은 하도 큰 소리로 떠들고 다녀서고, 백골치는 어찌나 딴소리를 하는지 증거를 보여야 외상값을 인정하는 바람에 골치 아파 붙인 별명이라는 아버지의 설명을 듣고서야 배를 붙잡고 한바탕 웃음보를 터트렸다. 매번 내일 준다는 말만 하다 일 년이 지난다고, 웃으며 요리조리 빠져나가 그냥 꼴뚜기로, 술에 취해 걸어오면 큰 얼굴이 불타는 것 같아 빨간 통이라 적었다고. 당신 혼자 속 풀이 하듯 써 내려간 사연들을 재미로만 듣고 웃어 제쳤던 철없던 날들도 이젠 아득하다.

가을걷이가 끝나고서야 외상값을 갚으러 올 수밖에 없던 시절이었다. 선비같이 올곧기만 한 아버지에게 장사는 어울리지 않았다. 외상값을 독촉할 만큼 강하지도 못하셨고 어쩌다 밀린 외상값을 갚아주는 사람에게 빈손으로 보내지 않았다. 외상장부에 빗금을 그은 날이면 옆에 '참 고맙다'는 메모를 남기기도 하고 형편에 따라 조금씩 변제도 해주셨다. 외상 3만원을 갚고 나면 몇 달 지나지 않아 6만원이 넘어 장부에 빼곡해도 모두 그러려니 하던 때였다. 어머니는 앞으로 남고 뒤로 밑지는 장사만 하는 것 같다며 가게를 그만 두자고 했다. 피난 나와 터 잡고 이나마 장사할 수 있는 것도 사람들에게 마음의 빚을 지는 셈이라며 아버지는 달랬다. 어쩌다 자식들이 보내오던 소소한 선물과 편지 내용들까지 써내려가며 어떤 생각을 하셨을지. 마을에서 일어나는 일들과 속사정이 그 장부에 적혀지는 동안 혼자 헛헛하셨을 아버지, 그 마음을 들여다 볼 겨를도 없이 자식들은 자라고 각자 짝을 찾아 떠났다. 교통이 좋아지고 큰 슈퍼가 읍내에 들어서면서 우리 구멍가게를 찾는 사람들의 발걸음도 뜸해져갔다.

가게 한쪽에 매달려 있던 외상장부들. 그것을 들여다보며 아버지가 내뿜은 것이 어디 담배 연기뿐이었을까. 노트 속에 일기처럼 써 내려간 독백이 아릿하다. 자식들에 대한 걱정과 그리움조차 빗금 긋지 못하고 흔적으로 남아있을걸 염려하셨을까. 사라져버린 외상장부들, 아버지는 차라리 그 장부들이 모두 없어지길 바랐을지도 모르겠다. 어쩌다 거나하게 술에 취하신 날이면 줄줄이 매달린 장부를 올려다보며 하시던 말씀이 생각난다.

"너도 나도 외상 인생이지, 살면서 갚을 일이 어디 한두 가지더냐."

라일락 향기는 바람에 날리고

박경옥
beron1220@naver.com

겨우내 땅속 어딘가에서 꼼지락거리며 길을 만들던 봄볕이 이젠 가지마다 찾아와 보드라운 새순들을 피워내고 있다. 하루가 다르게 짙어가는 연둣빛 이파리들의 웃음소리가 오월의 하늘에 청아하다. 멀리 남쪽에서 날아온 바람은 울타리 옆 목련꽃을 하얗게 색칠하더니 이제 라일락 꽃 향기를 톡톡 건드리고 있다. 도레미 송 같은 맑은 향기가 꽃잎 같은 바람을 타고 온다. 가슴 두근거리는 사랑스런 향기다. 문득 오래된 책갈피에서 떨어지는 한 장의 흑백 사진처럼 오월 어느 봄날에 떠났던 여행이 라일락 향기를 타고 아련하게 다가온다.

그 해 봄은 꽃샘추위가 유난히 심했다. 봄이 오려면 아직도 먼 듯 연일 바람 끝이 매서웠다. 그날 아침도 창가에 서서 이제 막 피기 시작한 연노란 산수유 꽃들을 흔들고 있는 심술궂은 바람 소리를 듣고 있었다. 갑자기 전화 벨 소리가 울렸다. 내 이름을 확인 하면서 자기 이름을 또박또박 밝히는 수화기 너머의 낯선 남자의 목소리, 그 이름은 먼 기억의 숲속에 심어 놓은 자라지 않는 내 시간의 나무에서 들리는 소리였다. 초등학교 동창. 그랬다. 오랜 세월이 흐르는 동안 가끔씩 안부가 궁금하던 그 애(?)였다. 너무 많은 날들이 흘러버렸지만 어린 시절 그 애와 내가 가지고 있던 작고 풋풋했던 마음은 봄날 새순 돋는 작은 나무였다. 솜털처럼 작고 여린 이파리에 입을 맞추는 오월의 바람이었다.

그 애와 나는 반장과 부반장으로 5학년을 함께 했다. 가끔 환경심사가 있던 날 함께 교실에 남아 선생님 심부름을 하기도 했지만 특별히 이렇다 할 기억이 없는 아이였다. 중학생이 되고 처음 맞이하는 어느 봄날, 집 앞 플라타너스 나무아래 한 소년이 서 있다가 나와 눈이 마주치자 후다닥 달아나는 것이다. 까까머리였지만 어디서 본 듯한 얼굴, 바로 그 아이였다. 유난히 작은 키에 얼굴이 계집애처럼 하얗던 아이가 내 눈을 의심할 만큼 전혀 다른 어른스런 모습으로 나타난 것이다. 거의 매일 집 앞을 서성이는 그 아이와 문틈으로 몰래 지켜보는 내 가슴 속엔 맑고 고운 새 한 마리가 살고 있었을 것이다. 파랑새 같은 사춘기였다.

삼십 여년이 지난 시간에 우리는 희끗거리는 중년의 목소리로 서로의 안부를 묻고 동창들의 소식을 전했다. 파랑새를 날려 버린 우리들 가슴엔 무엇이 살고 있을까 잠시 그때를 떠올리며 함께 웃었다. 그동안 동창회가 만들어지고 고향에서 후배들을 위한 장학회도 결성됐다는 소식을 다른 친구를 통해 들은 터였다. 서울 경기를 중심으로 새로이 모임을 만들게 되었으니 함께 하자는 거였다. 그동안 내 소식을 알려고 동창 사이트에 연락처도 남기고 백방 노력했다며 웃는다. 그리고 오월엔 고향으로 은사님을 만나러 가자는 제안을 했다. 그때부터 나는 기대와 설렘으로 가슴 두근거리며 오월을 기다렸다.

시간이 통통 튀듯 싱싱하게 흘렀다. 꽃샘바람이 지나간 자리마다 꽃봉오리가 올라오더니 목련도 하얗게 피었다 지고 벚꽃도 봄눈처럼 날리는 날들이 지나갔다. 라일락 향기가 바람을 타고 오는 향긋한 오월, 또 다른 친구와 함께 우리는 묵은 해후를 했다. 기차역에서 만난 우리는 서로에게 멋진 중년이 되었다고 하이파이브를 했다. 30여년이 훌쩍 지나갔지만 서로를 쉽게 알아볼 수 있었던 건 어린 날 저마다의 가슴에 심어 놓은 맑고 푸른 기억의 나무가 있었기 때문이다. 그 풋풋했던 마음들을 다시 꺼내보며 웃을 수 있는 사이란 얼마나 좋은 것인가. 너 그때 나 많이 좋아 했잖아. 어깨를 툭 치며 말 할 수 있다는 것, 고등학교 내내 주소도 없는 편지를 내게 보냈던 아름다운 사춘기를 스스럼없이 얘기 할 수 있다는 건 행복한 일이다. 파랑새를 기르던 사춘기 그 가슴은 일생 단 한 번뿐인 것이다. 차창 밖에선 연두빛 오월의 나무들이 바람을 가르며 따라오고 있었다.

고향에 도착하자 젤 먼저 우리를 키워준 학교로 달려갔다. 학교 건물은 새로 지어져 옛 모습은 하나도 남아 있지 않았지만 학교 뒷산은 아직 그대로였다. 멀리 강이 내려다보이고 기차가 지나가는 모습이 보이던 언덕으로 올라갔다. 미술시간이면 그 언덕에 앉아 그림을 그렸고 음악 시간엔 노래를 불렀던 곳, 그렇게도 크고 높았던 산이 작은 동산에 불과했다는 사실이 우리를 조금 슬프게 했다. 무엇이 변한 것일까, 산은 그대로인데 더 이상 꿈을 꿀 수 없는 우리들의 나이 때문일까. 숲속 어디선가 꽃향기를 실은 바람이 불어왔다.

5학년 때 담임을 하셨던 은사님을 만나기 위해 우리는 또 다른 추억의 장소로 향했다. '은파'라는 이름의 호수, 소풍 때마다 또 '은파'냐며 지겹다고 투덜대던 그 호수가 얼마나 아름다운 곳이었는지 그땐 몰랐다. 합창단 지휘를 하시고 열악한 환경임에도 학교에 처음으로 밴드부를 만드셨던 선생님, 단복이 없어 흰색 체육복 바지에 빨간 줄무늬 천을 박아 입고 대회에 출전 했던 기억들이 우리들을 열두 살 그때로 데려갔다. 그땐 그렇게도 시간이 더디 가더니만 지나고 보니 바람처럼 지나 버린 세월이었다. 선생님께 올리는 큰절에 울컥 눈물이 솟는 이유는 그 때문이었으리라.

사라지고 다시는 오지 못하는 것들에 대한 그리움으로 눈물이 날 때가 있다. 그래서 지나간 것은 모두 아름답다고 하는 것일까. 그리운 것들이 우리들 마음의 서랍속에 차곡차곡 담겨져 있다가 누군가에 의해 이처럼 한 번씩 꺼내보게 되는 것은 행운이다. 우연히 한 통의 전화를 받고 나는 그런 행운을 잡았다. 호수 한가운데 한가로이 떠다니는 오리배 사이로 불던 바람, 그 때 그 바람은 지금 어디를 지나고 있을까. 라일락 향기는 바람에 날리는데.

스스로 선택하는 삶

박상분
taegabs@hanmail.net

소설 '은교'가 화제가 되고 있다. 70대 시인의 10대 소녀에 대한 연정을 그린 작품으로 영화로까지 등장해 관객들의 호응이 뜨겁다. 소녀의 싱그러운 젊음과 관능에 매혹당한 노시인과 위대한 시인의 세계를 동경한 소녀 '은교'가, 서로 갖지 못한 것을 탐하며 빚어지는 스토리다.

은교를 만나면서 새로운 정신과 육체로 거듭나고자 하는 노시인의 강렬한 욕망을 생생하게 묘사한 장면들이 눈길을 끌고, 생의 활력을 되찾고 의미를 되새기고 하는 서술에 동감이 가기도 했다. 그러나 노인이 마음 속 은교에 대한 갈망을 억누름으로써, 위태로운 경계에서 자신을 컨트롤한다는 점으로 도덕성까지 부여할 수 있을까.

도덕이라는 굴레 때문에 누구나 느끼는 바를 솔직히 드러내지 못한다. 그렇지만 노인과 소녀 사이의 성을 언급했다는 사실 자체를 불편하게 또는 불쾌하게 받아들이는 쪽에 나는 무게를 두고 싶다. 작가도 작품 속 노인과 소녀의 이야기에 대해 '단순한 사랑이 아닌 오욕칠정 중의 하나'라며 자신이 가졌던 다양한, 숨길 수 없는 욕망이 드러나 있다고 말하지 않았는가.

노인의 소녀에 대한 스토리보다, 나이가 들어도 감정과 욕망을 감추지 말고 살아야 한다는 작가의 말이 더 가슴에 와 닿아

서일까. 황혼 사랑을 다룬 영화 '사랑할 때 버려야 할 아까운 것들'이 진득하니 오버랩되었다.

오래 전에 본 영화인데, 관습과 체면 때문에 억누르고 있을 뿐 욕망과 쾌락 또한 나이 먹지 않는다는 내용이 신선한 충격으로 다가온 작품이다. 넘치는 위트로 황혼의 로맨스를 산뜻하게 끌어가는 노배우 '잭 니콜슨'과 '다이앤 키튼', 그들의 코믹한 연기를 보는 재미가 쏠쏠했던 기억이 새롭게 다가왔다.

'지금이라도 사랑하는 사람과 채팅 한번 해 보세요. 꼭꼭 숨어 있던 정열이 되살아날 겁니다.'라고 말하듯, 둘이서 메신저로 채팅하는 장면이 얼마나 로맨틱하던지. 젊을 때랑 똑같은 욕망과 열정과 쾌락을 가지고 늙어간다고 두 주인공이 온몸으로 말한 영화였다.

그들의 황혼사랑은 싱싱한 향기를 피워냈다. 늙으면 몸과 마음이 함께 피폐해져 어딘가 모르게 움츠러들 것이라는 의식을 한꺼번에 뒤집게 해 주었다.

가상 세계에서만 있을 수 있는 스토리가 아니다. 며칠 전 텔레비전에서 프로포즈하는 장면을 잠시 스치듯 보게 되었다. 땅거미가 질 무렵 청계천 돌담 앞에서 촛불이 은은한 빛으로 꽃밭을 이룬 무대에, 한 남자가 꽃다발을 받쳐들고 환하게 웃고 있었다. 꼿꼿한 포즈로 서 있는 그는 여든도 중반에 접어든 할아버지였다. 잠시 후 돌다리를 건너 조신조신 다가가는 연인이 클로즈업되는데 얼핏 보기엔 중년쯤으로 보였다. 그러나 자막에 뜬 그 여인의 연령도 막 팔순고개에 다다른 숫자였다.

만면에 박꽃 같은 웃음을 흘리며 포옹을 하고 입맞춤하는 장면이 이어지자, 멀찌감치 지나치던 사람들까지 시선을 돌려 축하 박수를 보냈다. 황혼 커플의 몸짓으로 느껴지지 않을 만큼 자연스럽고 당당해 보이기까지 했다. 그저 흥밋거리로 보아 넘기기엔 그들의 스토리가 궁금해져서 처음부터 못 본 것이 아쉬웠다. 우리 세대는 극 중에서나, 그것도 젊은 연인들만의 통과의례인 양 여기며 봐온 풍경이 아닌가.

팔순이라는 연령대에 공개적으로 구혼까지 하는, 사랑에는 국경도 나이 제한도 없다는 걸 실천해 보인 그들의 용기가 돋보였다. 그보다 스스로 자신의 삶을 선택하고 결정했다는 데 나는 박수를 치고 싶다. 남이 보기에 좀 엉뚱하고 한심해 보일지라도 말이다. 남의 시선에 연연하지 않고 자신의 인생을 설계한다는 것이 쉽지 않은 일이다. 더구나 노년의 삶에서는….

올해 나이 아흔 넷인, 전 서독 총리 슈미트도 새로운 연인과 사랑에 빠졌다. 2년 전 상처한 그가 반세기 넘게 곁에서 일해온, 팔순에 이른 개인 비서와 동거중이라고 한다. 지성과 소신을 겸비한 그를 독일인들이 가장 존경 받는 정치인으로 꼽고 있다. 그보다 망백望百이 넘은 나이에 열애 중이라는 사실이 더, 그를 행복한 노인이라는 생각이 들게 한다,

죽는 날까지 어느 순간에서의 삶도 가벼운 정열일 수가 없는데, 젊은 세대들은 그들의 사랑을 어떤 시각으로 바라볼까? 설마 노망이 들었다고 여기지는 말았으면…. 그들이 선택한 것은 단순히 사랑이기 전에 그들의 삶이자 남은 인생을 설계했다고 봐야 할 것이다.

머잖아 황혼사랑이라는 단어가 무색해지고 '은교' 같은 스토

리가 화제작이 될 일도 없지 않을까. 작품 속 대사처럼, '늙음은 벌이 아니라 젊음의 연장선' 일 뿐이므로.

보따리

박애자
aeza22@hanmail.net

시골집은 방이 두개다. 한 칸은 어머니가 기거하시고 한 칸은 곡식이나 여러 잡동사니를 보관하는 창고로 사용한다. 추수가 끝나면 장에 내다팔 곡물과 이듬해 씨앗으로 필요한 것을 분류해 쓰임에 따라 보관해두는 장소다. 온갖 잡곡들이 자루나 비닐포대에 담겨 있고, 한쪽 구석에는 시골살이에 필요한 허접스런 물건들이 자리를 차지하고 있다. 집채만 한 이불 보따리에서 농사철에 입는 일복까지 온갖 보따리로 발 디딜 틈이 없다. 지푸라기 하나도 버리지 않고 싸 두는 건 어머님의 보관 방법이다.

방 윗목에 보따리 하나가 덩그러니 앉아 있다. 네 귀를 서로 맞잡은 분홍색 보자기는 며칠 전 어머님이 들고 온 보따리다. 마치 분홍 나비 한 마리가 살포시 앉은 듯 매듭 진 보따리, 그 속에는 속옷과 약봉지 그리고 로션과 빗 등 늘 상 앞에 두고 쓰는 물건이 들어 있다. 세수하고 로션을 바를 때나 약을 꺼낼 때마다 매번 풀었다 묶는 것이 번거로워 보여 넣고 꺼내기 쉬운 맞춤한 상자 하나를 준비해 드렸다. 그러나 한사코 당신 물건은 보자기에 싸 보관하신다. 낮에는 거실 한쪽 구석이나 방 윗목에 두었다가 밤이 되면 어머님 잠자리 머리맡으로 옮겨 놓는다.

어느 때부터 어머님 행동이 이상하다고 느꼈다. 방에 쥐가 들어와 잠을 잘 수가 없다고 하시더니 방안에 낯선 사람들이 진을 치고 있다며 쫓아 보내라고 했다. 전화를 받고 한밤중에 달려가길 여러 번, 그때마다 초점 잃은 눈빛은 정상이 아니었다. 혼자 계시게 할 수 없어 아파트에 모시려 해도 극구 시골집을 떠나지 않으려 하신다. 점점 상태가 심해지자 완강하게 버티던 어머님도 끝내 고집을 꺾고 보따리 하나를 들고 차에 올랐다. 아파트로 거처를 옮긴 후에도 어머님 증상은 계속되었다. 밤마다 환시에 시달려 악몽 같은 밤이 이어졌다.

우리 내외는 잠시도 어머님 곁을 떠날 수가 없었다. 환각 속을 헤매는 어머님, 기억 회로가 뒤엉켜 오류가 생긴 것이다. 지난 일은 또렷한데 현재 상황을 인식하지 못해 황당한 이야기만 늘어놓는다. 아니라고, 보이는 건 다 헛것이라고 아무리 설명해도 소용이 없었다. 소통 할 수 없는 상태가 되었다. 그러다가 간간이 맑은 정신이 돌아오면 보따리를 찾았다. 눈앞에 보따리를 확인해야 안심을 하고 보이지 않으면 누가 훔쳐갔다며 사방을 찾아다녔다. 그렇게 찾은 보따리를 이불을 덮어 숨겨 놓고 위에 묵직한 책을 눌러 놓기도 했다.

신줏단지처럼 모셔 놓은 보따리를 다시 풀고 묶기를 반복하고 있다. 어머님은 왜 보따리에 저렇게 집착하는 걸까. 무얼 묶고 무얼 풀고 있는지, 여든 넘은 생의 보따리 속에 싸놓은 것은 무엇일까.

어머님은 스물세 살에 홀로 되었다. 시어른들은 혹시라도 젊은 며느리가 팔자를 고치려 보따리를 쌀까 봐 밤마다 골목을 지켰다고 한다. 그도 못할 짓이라 여긴 시어른은 며느리를 붙잡아 두는 분명한 구실을 생각해냈다. 전쟁 통에 북쪽으로 쫓겨 갔으니 언젠가는 돌아온다는 믿음을 심어 주었다. 이미 날아든 전사통지서 같은 건 확실한 명분 앞에서는 종이쪽지에 불과했다. 기약 없는 기다림의 세월은 이어졌다.

어느 날 어머님은 낡은 보따리 속에 고이 접어 둔 전사통지서를 내 앞에 꺼내놓으며 제사를 모시자고 하였다. 어머님은 정성껏 제물을 준비하였다. 비로소 두 분이 재회하던 날 밤, 일렁이는 눈에 고인 물기를 보았다.

지난밤 불면에 시달리다 잠든 어머니께서 새벽녘 이불에 실수를 했다. 보따리를 풀어 갈아입을 옷가지를 꺼낸다. 한참 후 방에 들어가니 다시 굼뜬 손으로 묶고 풀기를 반복한다. 허허로운 저 몸짓, 쉬 떨치지 못하는 삶의 마지막 미련일까. 허물처럼 벗어놓은 젖은 옷가지를 주섬주섬 주워들었다. 이젠 하나씩 내려놓을 일만 남았다는 걸 알고 있는지 보따리가 한결 가벼워 보인다. 돌아앉은 어머님 뒷모습이 홀쭉해진 보따리만 하다.

빗물이 되어

박혜원
pkkab47@naver.com

며칠 전, 지인에게서 문자 한 통을 받았다. 네 명이 모여 브런치로 칼국수를 먹자는 내용이었다. 오늘이 바로 그날이다. 서둘러 옷을 갖춰 입고 나갈 준비를 하는데 베란다 창 너머로 빗줄기가 제법 굵게 뿌린다. 봄기운이 가시기도 전에 장마처럼 며칠째 비가 내리고 있다. 정리되지 않은 우산꽂이에서 낡은 우산 하나를 들고 밖으로 나왔다.

약속지로 향하는 길, 아릿한 꽃향기에 걸음을 멈췄다. 아파트 담장 너머로 빠끔히 몸 밀어낸 장미꽃 한 송이가 눈에 들어온다. 뚝뚝 떨어지는 빗줄기에 힘겹게 버티고 있는 붉은 장미 한 송이를 우두커니 서서 바라봤다. 그리고 이내 원망스러운 듯 우산 너머로 굵은 빗줄기를 쏟아내는 하늘을 바라본다. 많이도 내리는구나. 빗물이 내 얼굴을 덮치자 얼른 우산을 고쳐 쓴다. 그리고는 팔을 길게 뻗어 손바닥에 비의 무게를 느껴본다. 오늘은 빗방울이 꽤나 무겁다. 한 송이 힘겹게 먼저 피어난 장미꽃에 아픈 시련을 주려나 보다. 비, 너는.

비가 오면 종점까지 버스를 타고 여행하길 좋아했다. 빗물이 차창에 부딪히는 모습도 좋았고 버스 안에서 듣는 라디오 소리와 빗소리가 어울려 뜻밖에 잔잔한 하모니를 만들어 내던 느낌도 좋았다. 무엇보다도 시간 가는 줄 모르고 듣는 빗물의 웅성거림이 좋았는지도 모른다. 시끄러운 소리에 잡념이 사라지고 고민도 빗소리에 묻히곤 했다. 집에 들어가는 것보다 버스를 타고 한두 시간 여행하는 것이 즐거웠다고 할까.

비가 오는 날이면 아버지는 늘 집에 계셨다. 하는 일이 건설업이다 보니 비가 오는 날은 일을 하지 못했다. 말이 좋아 건설업이다. 아버지는 탁상에 앉아 설계를 하고 기획하는 사람이 아니었다. 현장 일을 하는 사람. 작업복 바지와 점퍼에 시멘트 가루를 묻혀오는 그런 사람이었다. 살갗을 태우는 한낮의 태양을 나몰라라 등지며 현장에서 뛰던 아버지 모습. 관리 업무를 맡고 있다고는 해도 결국엔 노동자와 다를 것이 없는 인생이셨다.

비 오는 날이면 아버지는 보름달 모양의 빵 두 개와 소주 한 병을 사 들고 일찍 들어오셨다. ‘비가 오면 아빠가 쉰다.’ 어린 마음에 학교를 파하고 교문을 나서는 길. 갑작스레 내린 비에 아이들은 안절부절못하고 엄마를 기다렸지만 나는 신주머니로 간신히 머리만 가린 채 집으로 무작정 뛰어갔다. ‘아빠가 계실 거야.’ 이런 생각에 빗물 따윈 문제가 되지 않았다. 집은 비어 있었지만, 머리를 감고 몸에 묻은 빗물을 씻어낼 때쯤이면 어김없이 아버지는 집으로 들어오셨다.

“혜원아! 우리 막내딸 혜원이, 집에 있나?”

그렇게 부르며 현관문을 열고 들어오는 아버지를, 나는 달려들어 와락 끌어 안았다. 아버지의 땀 냄새가 훅 올라왔지만 그 냄새가 싫지 않았다. 아이들에게서 나는 땀 냄새와는 다른 그 무엇. 그것이 아버지 냄새가 아니었을까. 아버지는 나를 안아 빙

그르르 돌며 “혜원이 우주여행 시켜주자! 붕!” 하고 외쳤다. 그리고 조심스럽게 바닥에 내려놓으며 검정 비닐봉지를 내민다. 그 속에 들어있는 둥그런 보름달 모양의 빵 하나. 빵 봉지를 뜯으며 나는 조잘조잘 학교 이야기를 했다. 그럴 때마다 아버지는 빙그레 웃으시며 내 머리를 몇 번씩 쓰다듬곤 하셨다. 그리고 우두커니 비 내리는 창밖을 바라보기도 했다.

비 오는 날 버스를 타고 종점을 돌 던 버릇은 그로부터 10여 년이 지난 후였나 보다. 아버지는 믿었던 친구에게 배신을 당해 공사비를 하나도 받지 못했다. 한창 졸속 건축이 유행하던 그때, 친구 부탁으로 공사부터 하고 돈을 후지급 받기로 한 모양이었다. 돈 한 푼 받지 않고 임부들 월급을 줘왔다. 하루 벌어 하루 먹고 사는 사람들인데 공사가 끝난 다음 돈을 주면 안 된다며 집에 있는 돈을 끌어다 임부들 월급으로 주었고 하다못해 빚을 내기도 했다. 공사가 완공되면 일을 맡긴 친구가 다 줄 거라며 한 치의 의심도 없어 하셨다. 하지만 아버지의 예상은 빗나갔고 친구는 아무런 말도 없이 사라졌다.

우리 가족은 단칸방 작은 집으로 이사를 갔다. 그나마 우리 식구 흩어지지 않고 모여 살 수 있으니 다행이지 않느냐며 위로했지만, 위로하는 아버지의 눈이 붉게 충혈 되어 있었다. 친구에 대한 배신감을 이겨내지 못하고 비가 오는 날이면 망연자실하게 앉아 소주잔을 기울이며 집안을 지키는 아버지. 그런 아버지가 싫어지기 시작했다. 그래서인가보다. 비 오는 날이 서글픔으로 바뀐 것은.

사회 초년생이 된지 얼마 지나지 않았던 어느 날. 어머니의 가장 역할이 더욱 무거워질 때쯤, 그날 아버지는 비가 오지 않음에도 이부자리에서 일어나지 못하고 있었다. 회사에 출근하는 나를 아버지는 누워서 빤히 바라보셨다. 왜 그러셨을까. 그날 그 눈빛. 나에게 무언가 말하고 싶은 게 있어 보였다. 커다란 눈망울에 그렁하게 눈물이 맺혀있었다. 하지만 나는 고개를 쌩하니 돌려버렸다. 인사도 하지 않았다. 무능력한 아버지가 야속해서 싫다는 듯, 뒤돌아보지도 않고 회사로 향하던 그날. 그날이 내가 기억하는 아버지 마지막 모습이었다.

컥컥 거리며 큰 소리로 울어대던 어머니의 음성과, 간호사가 대신 잘 이야기 해주겠다며 어머니를 달래는 내용이 수화기 너머로 고스란히 전해졌다. 아버지가 응급실에 계시다는 말을 전해 듣고 그곳으로 향하던 한 시간. 비라도 내린다면 좋겠다고 생각했다. 그래서 아버지가 집에 그림처럼 앉아 계신다면. 검정 비닐 속 둥그런 빵을 꺼내 들고 '혜원아!' 부르며 집안에 계셔주기를, 그렇게 간절히 바랐다. 하지만 하늘은 더없이 맑았고 비는 오지 않았다. 그리고 아버지를 찾은 것은 집도 응급실도 아닌 영안실에서였다. 빳빳하게 굳어서 더 이상 나를 안아주지도 바라보지도 못하는 모습으로 차가운 냉동실 안에, 아버지는 그렇게 누워계셨다.

비는, 구름이 무거워지면 기꺼이 다 내려놓고 하늘 아래로 떨어진다. 조건도 없고 예고도 없다. 구름의 어깨가 무거워질 때마다 그저 땅으로 곤두박질친다. 그리고 이내 물이 되어 땅을 적신다. 어떤 이의 눈물이 되기도 하고 무겁던 가장(家長)의 뜨거운 땀방울이 되기도 한다. 소낙비든 장맛비든 가리지 않고 땅을 적신다. 그리고 땅이 새로운 생명을 잉태하도록 자양분이 되어준다. 한여름, 거북의 등껍질처럼 갈라진 땅에도 빗물은 아낌없이 수혈해준다. 자신의 피가 다 빠져나가는 걸 알면서도 한 치의 망설임도 없다.

하늘이 비의 모습으로 땅을 품듯 아버지는 사랑으로 자식을 품는다. 끊임없이 주고 끊임없이 베푼다. 딱히 무엇을 원하거나 바라지도 않는다. 그저 자식이 잘되기만을, 자신의 삶보다는 좀 더 나은 삶을 살길 바랄 뿐이다. 혹여 자식이 아무리 생채기를 내는 가시를 가지고 있는 줄기라 해도 아버지는 벌거숭이로 자식을 감싸 안는다. 하지만 자식은 그런 아버지가 사라진 다음에야 깨닫게 된다. 쩍쩍 소리를 내며 메말라가는 땅이 되어야만 깨우친다. 그리고는 사무치게 그리워한다.

수다스러운 지인의 이야기를 빗소리에 흩날리고 다시금 왔던 길을 걸었다. 빗물을 받고 있는 장미 한 송이가 아직도 위태로워 보인다. 하지만 비가 그치면 장미는 더 붉고 탐스러운 아름다움을 뽐낼 것이다. 더불어 작고 예쁜 다른 장미들까지 불러들이겠지. 그래서 넝쿨을 만들고 가족을 만들어 아름다운 향기를 전할 것이다.

집으로 들어와 베란다 창문을 활짝 열었다. 빗물이 유리에 부딪힘 없이 베란다로 들어와 내 다리를 두드린다. 투드득. 베란다에 빼곡한 화분도 옅은 빗물을 머금는다. 내 마음도 촉촉이 빗물에 젖어든다.

부엌 창에 비친 세상 이야기

서정화
s2ksook@hanmail.net

새벽에 주방으로 들어서면 창문부터 연다.

한겨울 바람이 왈칵 밀려들어 얼굴을 때리듯 스치면 아직 머물러 있던 잠이 달아나며 상쾌하다.

나는 도로를 향한 조그만 창을 통해 거리를 바라보는 일이 즐겁다. 어둠을 가르며 쏜살같이 달리는 차에 탄 사람은 어디로 저리 바삐 갈까 하는 생각이 자동차 속도보다 빠르게 지나간다. 이런저런 생각을 밀어내고 8차선 찻길 건너편에 새로 문을 연 빵집으로 시선을 보낸다.

어느새 불을 환하게 밝혔다. 부지런한 주인 부부이리라. 여섯 시에 부엌 창 앞에 서건만 항상 나보다 먼저 불을 켠다. 가게 안에서 그들이 부산하게 움직이는 모습이 한 폭의 그림 같다.

빵가게 우측은 '빠름 빠름 빠름'이라는 광고로 귀에 익숙한 핸드폰 대리점, 그 옆은 구멍가게를 겨우 면한 편의점이 샌드위치마냥 끼어 있다. 편의점은 스물네 시간 불이 꺼지는 일이 없다. 우리 집 부엌 창에서 정면으로 보이는 지점이라 그 가게에 눈이 자주 간다. 고객은 주로 인근 중학교 학생들이다. 오후에 교복 차림의 학생들이 우르르 몰려들어 음료수며 과자 봉지를 들고 까르륵거리는 모습을 지켜보면 흐뭇한 미소가 절로 난다.

닭 튀김집, 은행, 커피 전문점, 식당 등 줄 이은 상가 건물 위층은 수학, 영어, 논술을 비롯하여 사회· 과학 탐구, 예· 체능 학원이 위세 좋게 들어앉았다.

학교에서 돌아서기 바쁘게 학원으로 향하는 학생들의 모습이 안쓰러우나 그들에게서 우리의 밝은 미래를 본다. 때로는 현실과 이상 사이에서 혼란스러워 방황하고 자신의 정체성을 확립하느라 저항하기도 하지만 그 과정은 청소년 시절에 거쳐야하는 관문이리라.

빵가게 앞 건널목 신호등이 초록으로 바뀌면 꽁지에 불붙은 듯 달리던 차량들이 아무리 바빠도 속도를 늦추며 서서히 멈춘다.

외형과 색깔 등 다양한 종류의 승용차, 버스, 오토바이까지 모든 차들이 천천히 길 건너는 노인이 인도에 안전하게 올라 설 때까지 기다리는 배려가 아름답다.

각양각색으로 삶을 영위하는 성실한 사람들 모습이다.

빵 만드는 사람, 빵을 사는 손님, 거리 청소하는 분, 어깨에 형광 띠를 두른 교통경찰, 책가방을 멘 어린 학생들.

나는 창 앞에서 부지런히 일손을 놀리며 수시로 시야를 넓힌다. 작은 창이지만 보이는 세상은 넓다.

잎 떨어진 은행나무는 온 몸을 바람에 맡겨도 봄이 오리라는 믿음이 있기에 매서운 겨울바람이 두렵지 않을 터.

목련나무가 통통하게 살 오른 꽃봉오리를 마른 가지에 매달고 눈보라와 맞선 모습은 애처롭기까지 하다. 그러나 짧은 겨울 햇살을 양껏 받아 자양분으로 저축하니 봄을 기다리는 나무는 겨울이 오히려 고맙지 않을까?

봄이 오면 가장 먼저 꽃을 피우려고 수많은 꽃망울을 매달고 엄동을 마주한 목련의 잔가지를 유심히 본다. 가지마다 영역이 있어 양보하며 뻗어 나갔는지 서로 얽히지 않고 제 몫을 다한다.

한 자리에 박혀 생명을 지키고 번식하는 식물도 각각의 삶을 존중하며 조화를 이루는 게 아닌가. 하물며 사람에게 조화로운 삶의 규범이야 말해 무엇 하리.

나는 미덕이라도 발견한 듯 나무에게 이 겨울을 잘 견디고 봄에 아름다운 꽃을 피우라는 격려의 박수를 보낸다.

참새 몇 마리가 이 나무 저 나무 가지를 타며 옮겨 다닌다. 주둥이로 무언가 열심히 쪼아대며 짹짹거리는 모양이 마치 가족회의를 하는 것 같다. 여기 감나무에 열매가 많으니 겨울 양식 걱정은 안 해도 된다고 서로 전하며 즐거워하는 모습처럼 보인다. 내가 좋아하는 홍시가 텃새의 겨울 양식이 되는 평범한 사실에서 경이로운 자연의 질서를 느낀다. 문득 주홍빛 감을 쪼아대는 참새가 식구인 양 정겹다.

시야에 들어오는 일상의 사물들 하나하나에 애정을 갖고 대하면 보이지 않는 세계로 의식이 확장된다.

나는 작은 창으로 보이는 타인의 일상이 내게 던지는 의미를 짚어본다. 그들의 모습에 내 자신이 오버 랩 되며 하루하루의 삶이 마치 한 줄에 꿰인 구슬처럼 서로 엮여 있다는 생각에 미친다.

현대인들은 절해에 떠있는 섬 같은 존재라 말하지만 그 섬도 밑바닥은 커다란 하나의 땅덩어리에 붙어 있지 않은가.

풀잎에 맺힌 이슬방울에서 우주의 섭리를 깨달으면 시인이 되고 부처가 된다는 어느 스님의 말을 떠올리며 오늘은 부쩍 시인이 되고 싶다.

바퀴로 치유하다

이갑순
gabsun57@hanmail.net

지난 여름은 새로웠다. 유난히 비가 잦고 무더웠다. 그러나 나와는 상관없었다. 우연히 시작한 자전거 타기 덕분이다. 인생의 반환점을 한참 전에 돌았다. 내일 모레가 환갑인데 새로운 일에 도전한 것은 상당한 용기가 필요했다. 불과 1년 전만 하더라도 그것은 불가능한 일이었다. 지금은 바람을 가르며 한강을 달려서 여의도로, 미사리로 달린다. 때마침 잘 포장된 자전거 도로를 따라 어디든지 달려갈 수 있다. '길이라도 좋다, 아니라도 좋다'라고 했던 오래된 광고 문구까지 떠올리면서 말이다. 이렇게 신나고 재밌는 일이 있는 줄 예전엔 몰랐었다.

세상은 꿈꾸는 자의 몫이라고 했던가. 꿈에 시간과 노력을 더하고 땀을 보탰다. 전혀 가보지 않았던 새로운 세계가 다가왔다. 사실 나는 자전거 타기에 대한 좋지 않은 기억을 가지고 있었다. 사춘기 시절 또래들과 자전거 배우기가 나섰다가 농수로에 쳐박혀 얼굴이 형편없이 뭉개져버렸다. 더욱이 한 번도 혼난 적이 없던 아버지한테 상스러운 운동을 했다고 눈물이 쏙 빠지게 혼났었다.

요즘 건강에 대한 관심이 높아지면서 유난히 화려한 복장을 민망스럽게 입고 무리지어 가는 모습도 별나 보여 싫었다. 우연한 기회에 교육을 받고 동호회에 참여하게 됐다. 여정은 길고 갈

길은 멀었다. 젊은 동호회 회원들보다 상대적으로 순발력이 떨어져 라운딩을 앞둔 날은 밤늦도록 잠들지 못했다. 안장에 올라타기 무섭게 그들은 빛의 속도로 사라져 버렸다. 돌부리에 부딪히고 쉴 새 없이 나타나는 장애물로 등짝은 식은땀이 줄줄 흘렀다. 야속한 마음에 코끝이 시큰한 적이 한 두 번이 아니었다.

어느 순간 잠자던 승부근성이 발동하고 나도 언젠가는 그들 앞에 서리란 다짐을 하고 의지를 불태웠다. 어느 날 미사리 조정경기장을 돌아오는 코스였다. 외길이라 앞사람을 추월하지 않으면 길이 끝나는 지점까지 한없이 따라가야 했다. 어쩔 수 없이 신호를 보내고 앞질렀다. 순간 그가 돌부리에 부딪혀 튀어 나오고 말았다. 그를 피하려고 나는 축대를 들이받을 수밖에 없었다. 떨리는 마음을 진정할 사이도 없이 얼굴엔 피가 철철 흘렀다. 거울도 없으니 상처의 정도를 알 수도 없었다. 그 와중에 '몸이 천 냥이면 눈이 구백냥' 인데 생각이 급히 스쳤다. 지나가는 사람에게 눈은 괜찮냐고 물어봤다. 급한 김에 쑥을 뜯어 지혈을 시켰다. 그 해 가을 내내 아름다운 단풍 구경은 선글라스 너머도 쳐다보기만 해야 했다.

비싼 수업료를 지불했지만 그 날 이후 겁이 없어졌다. 안전수칙을 철저히 지키고 왜 그들이 몸에 착 달라붙는 옷을 입고 얼굴은 이라크 무장병사처럼 감싸야 하는지를 알았다. 환경을 오염시키지 않고 연료가 들지 않는 자전거는 오랜 인간의 이동수단이었다. 초단위로 바뀌는 세상이다. 걷는 것 다음으로 단순한 자전거 타기에 매료된 것은 아니러니 하기도 하다. 오늘도 이 길은 막힌 적 없이 씽씽이다. 앞으로 나의 삶도 자전거 도로처럼 시원하게 나아가리라 믿어본다.

삶은 애기치 않은 곳에서 짜릿한 전환점을 만난다. 언제든 눈 뜨면 쫓기듯 하루해가 달아난다. 지나고 나면 별 것도 아니었다. 어제까지 세상이 끝날 것처럼 난리치고 허둥됐다. 오늘 아침 눈 뜨고 생각해보면 '그렇게 하면 되는 것'이었다.

조금 늦게 가면 되는 것이다. 내가 좀 덜 가지면 되는 것이었다. 이제 작은 것들이 눈에 들어오기 시작했다. 자전거길 길섶의 풀꽃들이 말을 걸어오기 시작했다. 형형색색 들꽃들이 봉우리 하나 피우기 위해 추운 겨울을 온 몸으로 막아내며 꿈 하나를 키워냈다고. 그들은 색깔로, 향기로 길게 목을 빼 올리며 가늘게 몸을 떨기도 한다. 어떤 이는 내 몸에 찰싹 붙어 절대 떨어지지 않을 거라며 안방까지 따라와 그들만의 언어로 유혹하기 시작했다.

살아오면서 무엇이 의미 있고 전부인지 모르면서 바람 소리 나게 바쁘게 살아왔다. 세상일 칠팔십 능선은 시간이 해결해준다는 사실을 왜 알지 못했을까. 잠시라도 멈추면 자전거는 넘어진다. 두 다리로 땀나게 저어야만 나아가는 정확한 현실 앞에 마음은 한 발짝 더 순수와 다가섰다.

자고나면 머리맡이 더 희끗해진다. 그렇게 맛있는 음식도, 사고 싶은 옷도, 갖고 싶은 가락지도 없어졌다. 물기 빠진 나물 같다고 생각한 건 마음의 착시였다. 마음까지 푸른 빛이 들 것 같은 제주 해안을 자전거로 달렸다. 수평선 너머 서서히 몸을 드러내는 아침 해를 바라보는 순간 30년 묵은 마음의 체증은 모두 사라졌다. 항상 모자라고 갈증 나는 삶이라고 생각했는데 갑자기 내 인생이 아름답게 보이기 시작했다. 오늘 아침, 어제보다 더

찬란한 태양은 뜨고 세상을 향해 나는 심호흡을 한다. 아직도 꿈꾸며 달리고 있다고.

끝이 아니길

이남주
miru_t@hanmail.net

전화를 걸려고 하는데 번호판이 까맣게 지워져 숫자가 보이지 않는다. 순서대로 나열된 숫자를 기억하기만 해도 되련만 그조차 생각이 안 난다. 그런가 하면, 숫자는 보이는데 손가락이 자꾸만 틀리게 눌러댄다. 겨우겨우 제대로 눌렀다 싶으면 이번엔 이놈의 휴대폰이 먹통이다. 전화 거는 꿈은 언제나 그렇다. 당황하거나 허둥대거나 낭패스러운 상황만 그려진다. 꿈은 현실과 연관성이 있다고 하는데 아마 엄마와 통화를 하지 못해서 그런 꿈을 꾸는 것일까.

나는 꿈을 많이 꾸는 편이다. 꿈과 현실, 두 개의 삶을 사는 듯 느껴질 때가 있을 정도다. 꿈을 일러 '잠자는 동안 일어나는 심리적인 현상, 정신 활동의 표현'이라고 하는데 나는 실생활과 전혀 연관이 없는 꿈을 꿀 때가 더 많다. 도대체 왜 그런 꿈을 꾸게 되었는지, 꿈에 보인 낯선 사람들과 장면들은 다 누구며 무엇을 의미하는지, 눈뜨면 스마트폰으로 해몽법을 찾는 게 일이다. 하지만 명쾌한 답을 얻은 적은 없다. 복권당첨의 꿈이라는 돼지꿈, 불꿈도 꾸어봤지만 행운이 찾아오는 일 따위 없었다.

꿈이 좋을 때도 있다. 지갑을 잃어버려 낭패스러울 때, 위험할 때, 무서울 때, 무언가로부터 도망칠 때. 도망치다 아슬아슬 잡히려 할 때, 아, 안돼! 이건 꿈이야! 잠에서 깨면 돼! 그렇게 무의

식이 발버둥치다 보면 그게 정말 꿈이었던 경우, 얼마나 다행이던지! 꿈을 자주 꾸는 만큼 그런 위기 탈출의 기회도 많다.

그런가 하면 '꿈이었으면' 하는 일이 현실일 때도 있다. 제발 꿈이었으면 좋겠는데, 빨리 깨어났으면 좋겠는데 꿈이 아니라 냉혹한 현실일 때가 있다. 엄마를 여의고 그랬다. 그 흔한 꿈을, 정작 엄마를 떠나보내는 중대한 일을 앞두고는 꾸지 않았다. 미리 예고하는 꿈을 꾸었더라면 미리미리 가 뵙고, 마지막 길 배웅도 해 드렸을 것인데 아무것도 하지 못했다.

이따금 고향에 내려가 엄마와의 시간을 보낼 때, 어린아이처럼 깊이 잠드신 모습을 보면 산 사람 같지가 않아서 엄마 코에 귀를 갖다 대 보곤 했었다. 코도 골지 않는 엄마의 숨길은 새처럼 여리고 가늘었다. 그때마다, 죽음이란 무엇일까 의문을 가졌다. 엄마가 말한 '그곳' 이 어떤 곳이고 어떻게, 어떤 모습으로 가게 될까? 저렇게 주무시다가 꿈속에서 꿈이 생시인양 따라가는 것이 아닐까. 그래, 잠속이 곧 저승 세계며, 그것이 우리가 말하는 죽음일 것이라고 스스로 답을 내기도 했다. 푸른 숲길같이 밝고 부드럽고 평탄한 길을 기분좋게 걸아가 다른 세계로 가는 것, 그것일 거라고, 그렇게 믿고 싶었다.

실제로 그랬던가 보았다. 엄마는 곤히 잠들어 계셨고 아주 편안해 보였다. 길을 헤매는 표정도, 고통스러운 표정도 아니었다. 정말 깊이 잠들어 계셨을 뿐인데 이마가 차가웠고 관절이 뻣뻣했다. 등이 아프다며 침상을 올려보라 하시고는 잠이 드셨다 했는데, 그길로 돌아오는 숨길을 잊어버리셨다.

해질녘, 일과처럼 이어지던 엄마와의 통화는 끊겼고, 꿈속에서

조차도 전화는 연결되지 않는다. 아침에 일어나 아무런 꿈도 생각나지 않는 날이면 어디다 뭘 놓고 온 사람처럼 허전하기까지 하다. 혹시 엄마와 만나지 않았던가? 엄마의 모습을 언뜻 본 것도 같은데 아니었던가? 난삽했던 꿈의 조각들을 맞추느라 애쓴다.

내게로 오는 길을 몰라서/그대의 눈이 잠시 멀어서/그래서 조금 늦게 닿는 거라고/나는 믿고 기다립니다……

저녁밥을 지으며 라디오에서 흘러나오는 노래를 듣는다. 윤도현의 '끝이 아니길' 이라는 노래다. 한동안 꿈에 나타나지 않는 엄마. 엄마는 전생의 기억을 하얗게 지워가며 멀리멀리 가시는 중일까.

엄마를 만나지 못하는 이 현실이 정녕 꿈은 아닌지, 꿈속의 그 많은 장면들이 현실인지 나는 모르겠다. 하루하루가 모여 금새 일주일이 가고 한 달이 가 버리는 걸 보면 인생은 일장춘몽이라는 말이 맞는 것 같다. 나는 지금 한바탕 꿈을 꾸고 있는지도 모른다.

양과집 아이

이승옥
rinza48@hanmail.net

"그 날 집에 잘 갔어?"

나는 오십 년도 더 묵은 인사를 이제야 하고 있었다. 따끈한 물을 따르니 국화꽃이 봉긋 떠오르며 활짝 피어났다. 김을 따라 피어오른 향기를 마시며 한마디 던졌지만 말이 없었다.

내 소꿉친구의 이름이 명길이었다는 것, 그와 얽혀진 기억은 생생하지만 그의 얼굴이 도무지 떠오르지 않는 것이 참으로 이상하다. 머리가 다른 아이들보다 컸고 유달리 까맸다는 것 말고는 이목구비 어느 것 하나도 떠오르지 않는다. 그때의 사진을 애써 구해서 본다 하더라도 '이 아이가 그 아이야?' 하고 낯설어 할 것이 뻔하다. 그저 가방을 맨, 몸집만 또렷한 검은 그림자로 떠오를 뿐, 얼굴은 하얗게 비어있다. 아니 어쩌면 그냥 비어있는 얼굴인 채로 기억하고 싶은지도 모르겠다.

어린 시절 소꿉놀이를 할 때 아빠는 늘 명길이었다. 우리는 미군 부대를 통해 흘러나온, 쌍꺼풀을 반짝 치켜뜨는 노란 머리의 인형을 가지고 놀았다. 등에 업으면 자장가를 아무리 불러도 눈을 말똥말똥 뜨고 잘 수밖에 없었던 이상한 아기가 우리의 갓난이였다.

여우비가 막 그치자 명길이네 집으로 뛰어갔다. 비가 온 탓이었을까? 집안이 약간 어두웠고 언제나처럼 이스트에 밀가루 반죽이 부풀어 오르는 냄새가 났다. 그 아이의 집은 양과를 구워 파는 집이었다. 부모님이 모두 양과점에 나갔기 때문에 그 집은 늘 비어 있었다.

우리는 전차 길을 건너 정동 길로 접어들었다. 그 길을 따라가면 덕수궁과 남대문 시장으로 갈 수 있었다. 왼편으로 그리스정교회 수도원의 조금 높은 돌계단이 엄숙하게 솟아있었고, 그 뒤편에 구 러시아 공사관이 있었다. 조금 더 가면 오른편으로 내가 다니던 서대문 국민 학교와 그 앞에 이화 여중고가 있었다.

우리는 공사관 앞 구릉에서 갖가지 꽃들을 꺾었다. 개망초, 꽃향유, 엄지손톱만한 노란색 꽃을 한 움큼 쥐고 학교 담장에서 꺾은 편백 가지를 뒷심으로 해서 결혼식에 쓸 꽃다발을 만들었다. 커다란 보자기의 양쪽 모퉁이를 잡고 뒤로 묶은 다음, 나머지 양쪽 모퉁이를 잡아 뒤로 돌리면 그것이 면사포가 되었다. 나는 갓난이를 업고 밥을 지으며 출근하는 명길이에게 손을 흔들었다. 문을 열고 밖으로 나간 명길이는 퇴근을 했다며 곧 바로 다시 들어왔다.

찬장 안에는 밤 과자와 앙금 빵이 늘 있었지만 한 번도 우리 놀이에 써 본적이 없다. 풀잎사귀의 풋내는 어떤 양념의 맛보다 좋았다. 연필깎이 칼로 삭삭 썰면 갖가지 모양의 새로운 것이 만들어지는 놀라움에 행복해했다. 채 꽃이 떨어지지도 않은 새끼손가락만한 호박을 송송 썰어 보기 좋게 밥상 위에 놓을 때는 짜릿함 마저 느꼈었다. 팔을 오르락내리락 빈 수저질을 했고 짭

짭 소리를 내며 맛나게 먹곤 했다. 항상 간도 딱 맞아서 언제나 최고로 맛있는 반찬을 먹었다.

그 소꿉놀이는 연속극이 아니었다. 우리의 갓난이는 크지도 않았고, 매번 똑같은 놀이를 되풀이했기에 항상 그 시간 그때로 머물러 있었다. 어머니가 밥 먹으라고 찾는 소리를 듣고서야 우리의 소꿉놀이는 끝이 났고 내일 다시 만날 것을 약속하며 집으로 돌아오곤 했다.

1960년 4월 19일, 해는 있었지만 옅은 회색 구름이 두껍게 가려있어 그림자가 흐릿했고 바람도 숨죽인 그런 날이었다. 어디선가 빵빵! 펑펑! 하는 소리가 났다. 복도에서 아이들이 우르르 몰려다니며 6.25사변이 났다고 소리를 질러댔다. 그 때 우리들에게 있어 6.25사변이란 전쟁의 대명사였다. 다시 말해 전쟁이 난다면 그건 무조건 6.25사변이었던 것이다.

본관 건물 꼭대기 층으로 뛰어올라가니 저만큼 동아일보사에서 시커먼 연기가 피어오르고 있어 정말 무언가 무서운 일이 일어났다고 생각했다. 여자 아이들은 집에 어떻게 가느냐고 발을 동동 구르며 울었다. 나도 어쩌면 집에 가지도 못하고 가족들과는 영영 이별할지 모른다고 생각했다. 잠들기 전 머리맡에서, 어머니가 들려준 전쟁 중의 이야기가 번개처럼 스칠 때 누가 내 손을 꼭 쥐었다. 돌아보니 명길이었다.

"걱정 하지 마! 내가 데려다 줄게."

그 소리에 숨을 깊이 들이쉬고 움츠렸던 어깨에서 힘이 빠지려는 순간, 얼굴이 확 달아올랐다. 나는 명길이의 손을 휙 떨쳤다. 아이들은 여전히 복도를 쿵쾅거리며 뛰어다녔고, 어떤 애들은 창문으로 목을 겹겹이 포개서 길게 빼고는 밖을 내다보고 있었다. 손에서 땀이 났다. 누가 우리를 보았을까?

선생님들이 잰 걸음으로 오시더니 학생들을 운동장에 모았다. 두 줄로 세워져, 한 줄은 북쪽 교문을 통해 정동 길로 나갔고 다른 한 줄은 남쪽 문을 통해 서소문 쪽으로 나갔다. 우리 집은 그때 학교를 축으로 북서쪽에 살다가 왼편으로 90도를 돌아 남서쪽으로 이사했기 때문에 명길이와는 같이 갈 수가 없었다.

교문을 막 나섰는데 명길이가 북쪽 줄을 따라 집으로 가지 않고 내 옆을 따라오는 게 아닌가! 순간 귀밑까지 화끈거렸다. 나를 따라오는 것이 싫었다. 담임선생님의 인솔이 훨씬 든든했고, 한편 선생님이 알면 어쩌나 싶어 혼자 중얼거렸다. '혼자 갈 수 있는데' 고개도 돌리지 않고 멜빵 가방에 엄지를 끼고는 몸을 움츠린 채 얕고 넓은 계단을 뛰기 시작했다. 아이들은 하나씩 둘씩 빠져나가 줄은 이내 흐트러졌고 계단을 다 내려올 즈음에 뛰기는 멈추었지만 속마음은 더욱 조바심이 났다. 곁눈으로 보니 명길이가 바싹 따라오고 있었다.

한길에 이르렀을 때, 소방차가 고함소리와 함께 휙 지나갔다. 물탱크 위에 청년들이 붉은 글씨로 쓴 플래카드를 몸에 휘감고 이마에는 띠를 두르고 있었다. 한 손에는 깃발을 들고, 다른 한 손은 주먹을 불끈 쥐고 치켜들었다. 눈을 돌리자 길 건너에서 나를 부르며 손짓하는 어머니가 보였다. 차가 멈추기를 기다렸으나, 멈추기는커녕 점점 더 몰려들었다. 정신없이 엉켜있는 신작로를 요리조리 뛰어 어머니에게 달려가 치마폭에 안겼다. 어머니를 무사히 만나서 안도감에 훌쩍였고, 따라오던 명길이를 따돌렸다는 생각에 화끈대는 얼굴을 묻고 훌쩍거렸다.

어머니가 명길이에게 무어라 소리를 질렀지만 들릴 리 없었다. 차와 사람, 자전거와 리어카, 경적소리와 고함소리가 뒤엉켜 아수라장이었다. 치마폭에다 눈물을 닦고 얼굴을 돌려 길 건너편을 바라보니, 내가 자기를 볼 때까지 기다렸는지 내 눈과 마주치자 활짝 웃으면서 손을 흔들어 보였다. 어머니는 어서 가라고 손바닥을 자꾸 뒤로 젖혔다. 명길이는 어머니에게 시커멓고 큰 머리를 꾸벅하더니 돌아서 갔다. 명길이의 뒷모습은 차와 사람 사이에 뒤엉켜 보였다 말았다 하더니 마침내 신주머니를 치켜든 손이 큰길 모퉁이로 사라졌다.

골목 안 아주머니들이 수군대는 소리가 창문으로 들려왔다. 이기붕 부통령 집에 몽둥이를 든 데모대가 구름처럼 몰려들어 그 집이 쑥대밭이 되었다네. 이 봄철에 바나나와 청포도가 나왔다네. 오색찬란한 비단 수십 필이 필째로 담장 밖으로 던져진 것을 깡패들이 몽땅 들고 달아났다네. 부통령이었던 이기붕이 아들 강석이 쏜 총에 맞았고 일가족이 자살했다는 등의 얘기들을 주고받았다.

그 사이에 봄 소풍도 끼어 있었지만 휴교령이 내려 일 주일동안 학교에 가지 못했다. 소풍가서 먹으려고 사두었던 부채 과자를 분질러대면서, 머릿속에 떠오르는 명길이에 대한 생각을 애써 하지 않으려고 했다. 명길이는 이기붕 부통령 관저를 지나야만 집이 있었는데 무사히 잘 갔을까하는 걱정은 눈곱만큼도 하지 않았다. 단지 명길이가 내 손을 잡은 것과, 우리 집까지 데려다 준 것과, 더욱이 나와 소꿉놀이를 하고 놀았다는 걸 다른 아이들이 알게 되면 어떡하나? 하는 걱정만 하고 있었다.

그때 왜 그렇게 바보였을까? 소꿉놀이 할 때처럼 활짝 웃으며 잘 가라고 왜 손을 흔들어주지 못했을까? 나는 지금에서야 그 아이에게 손을 흔들고 있었다. 나지막하게. 그리운 어린 시절이여!

아버지의 모자

이영옥
lee3886@hanmail.net

친정에 갔다. 하룻밤쯤 묵고 오면 좋으련만 늘 마음뿐이다. 두어 시간 넘게 차로 달려 고향집엘 들러도 일 때문에 뉘엿뉘엿 해질 무렵에는 돌아와야 한다. 그나마 기쁜 것은 여든을 넘긴 부모님이 반겨주어서다. 하지만 날로 쇠약해지는 모습을 뵐 때마다 마음이 아프고 걱정된다. 웅천 친정집은 이사 한번 하지 않고 당산나무처럼 묵묵히 그 자리를 지키고 있다. 지붕만 그대로이고 내부는 진작 현대식으로 개조했지만 집에 발을 들여놓으면 오랜 세월 부모님의 체취가 배여 푸근하다.

시골집은 경계할 대상도 없으니 언제나 대문이 열려있다. 안마당으로 골짝의 바람만 들고난다. 활짝 열린 대문으로 들어가 거실 문을 여니 엄마 아버지는 고무함지를 앞에 두고 마늘을 까고 계셨다. 힘이 부쳐 농사일을 접고서도 손을 놀릴 수 없다고 소일거리로 하시는 일이다. 보일러 기름을 아끼느라 두툼하게 무장을 하고 전기장판에 구부정하게 앉아 손놀림만 바삐 움직였다.

집안은 늘 단조로운 풍경이다. 십 년 전쯤 찍은 가족사진이 걸려있고, 두 분의 적적함을 달래주는 텔레비전이 있다. 물기가 다 빠져나가 야윈 엄마 아버지를 나란히 붙여놓는다 해도 텔레비전이 훨씬 넓고 커보였다. 주객전도, 텔레비전이 주인 같았다. 딸이 갔어도 아버지는 단 한번 눈만 맞추고 마늘 까는 손을 놓지 않으셨다. 거실 한가운데서 고요한 소실점 같은 몸으로 마늘을 까셨다. 어머니가 그만 하라는 말을 안했기 때문이다.

어린아이가 되어버린 내 아버지. 엄마가 시키는 대로 씻으라면 씻고 들라하면 들었다. 활력으로 펄떡거렸던 힘줄과 살갗. 지난날 황소라는 별명을 가졌던 아버지는 어리로 갔을까. 기개강골한 모습은 이젠 어디에도 없다. 완전히 증발돼버렸다. 아버지가 그렇게 돼버린 시간은 길지 않았다. 순식간이었다. 온화한 표정을 입가에 물고 있는 아버지는 큰 바위 얼굴 같기도 하고, 스스로 낮춰 부르시던 바보 추기경을 닮은 듯도 하다. 굽이굽이 살아낸 삶의 끝자락에 이르면 한번쯤 천사 같은 얼굴로 돌아오는 시기도 있나보다.

아버지는 조용하다. 좋아하던 딸네가 갔는데도 하리망당한 눈빛을 던진다. 몸 성히 지냈는지, 차는 밀리지 않았는지 예전처럼 살갑게 묻지 않으신다. 그저 입귀를 순연하게 실룩일 뿐이다. 아버지 곁에 바투 앉아 거칠고 투박한 손을 만져보고 얼굴을 문질러보며 보고 또 바라본다. 구슬땀이 맺혔던 이마에는 골판지 같은 주름이 이랑을 이룬다. 햇볕에 그을리고 들일로 다져진 건장한 팔뚝은 아득한 이야기 속에나 있다. 겉모양만 남고 속은 다 삭아버린 사그랑주머니 같은 모습. 내 앞의 아버지는 미농지처럼 창백하다. 게다가 숨소리마저 가쁘다.

"아버지 이 모자는 뭐예요?"

"그냥 쓴다."

여러 번 빨아서 빛이 바래고 낡은 챙 달린 모자였다. 정면에 붙은 마크는 지워져 보이지도 않았다. 어느 농약회사의 판촉물

쯤으로 짐작되는 모자를 한사코 벗지 않으셨다. 식사를 할 때도 차를 마실 때도. 아버지에게 모자는 어떤 의미일까. 기력을 이대로 놔버릴 수 없다는 마지막 안간힘의 상징일까. 혹혹 볶는 땡볕에도, 세차게 비 퍼붓는 궂은 날에도 아버지는 이 모자를 쓰고 논틀길로 나가셨다. 모자를 쓰기만 하면 장딴지에 힘이 불끈 들어가는 항우 같은 가장이 아니었던가.

유년시절, 내 아버지가 바지게를 지고 고샅길을 걸어오신다. 성큼성큼 걸을 때마다 당신의 몸집보다 몇 배나 푸짐한 꼴이 같이 걷는다. 바지게 속에는 소에게 줄 꼴만 가득한 줄 알았다. 수박 한통이 숨겨져 있다는 걸 아무도 몰랐다. 마당에는 모깃불이 피어오르고 하늘엔 별들이 자르르 깔렸다. 간간이 유성이 떨어지기도 했다, 아버지는 사남매를 들마루로 모이게 한 후 뒷간에 가는 척하면서 숨겨두었던 수박덩이를 안고 짠하고 나타나셨다. 아버지의 깜짝 이벤트에 환호성이 터지고 입안에 침이 괴던 그 여름밤을 잊을 수가 없다.

가장 큰 슬픔 중의 하나는 시간에서 온다고 했던가. 이젠 너무도 멀리 흘러버린 시간. 되곱쳐 돌아갈 수도 없다. 자식들 뒷바라지 하느라 묵묵히 살아내신 아버지는 시간의 풍화작용을 이기지 못하고 속절없이 늙으셨다. 그럼에도 지난날을 놓지 못하고 꿈을 꾸듯 아버지는 모자를 부여잡고 계신 것 같다. 김을 매다 새참 때 마신 막걸리 한 사발에 얼근하여 오수를 달착지근하게 즐기시는지. 아니면 풍작을 이룬 황금 들녘에 취해 논두렁에서 바람을 삼키고 있는지도 모른다.

돌아올 시간이 되어 방문을 열었다. 아버지는 두 손을 모은 채 모로 누워 주무시고 계셨다. 고분고분 엄마 말 잘 듣는 순둥이 얼굴. 모자가 비뚜름해진 맨드리가 소풍날을 앞둔 아이 같았다. 문득 아버지의 이 세상 소풍도 얼마 남지 않았다는 생각이 들었다.

노란 미소

장보민
gulpojang@hanmail.net

친조카 결혼식이 있었다. 조카 결혼식을 추진하면서 많은 애로사항이 있었다고 들었다. 오빠가 갑자기 편찮으신 바람에 올캐로서는 더할 나위없는 극심한 스트레스를 받았던 것 같다. 그렇다고 연로한 어머니가 둘도 없는 손주 결혼식에 참여하는데 갈등요소가 되리라는 건 생각지도 못했다.

아들 하나 의지하는 노모는 아흔을 목전에 두고 계신다. 연로하고 다리가 불편하여 거동이 힘드시다. 언젠가 넘어져서 한동안 무척 힘드셨는데 다행히도 극심한 상황은 아니어서 지팡이나 보행기 등을 짚고 다닐 수 있는 정도다. 어머니는 온순하고 우유부단하지만 남을 배려하는 따뜻한 성품이시다. 모녀지간이라 어쩌다 한 번씩만 봐도 애틋하게 다가온다. 친정엄마이기에 더 각별하고 살갑게 느껴지는 것일까. 이젠 나도 어느덧 쉰을 넘기며 세월의 흐름을 같이 나눌 수 있기에, 삶의 한 부분을 조금이나마 더 이해하며 편해지고 있다. 그러나 시부모님일지라도 본연의 자리가 있다고 생각하기에 마음이 무겁다.

결혼한다는 것은 결국 부모가 되어 가족을 이루고 이후 자기 자손을 성혼시켜 삶을 이어가는 거라 본다. 결혼식에 외부 하객 초청은 왜 하는 것인가. 가족 친지들의 축복과 더불어 세상과 관계된 모든 이들에게 시작의 축복을 받고자 하는 것이리라. 그런데 그 자리에 병석에 누워있지 않은 노모의 손주 결혼식 참여 여부가 어찌 선택되어 진다는 것인지 아직도 이해할 수가 없다.

결국 딸들의 성화 아닌 성화에 어머니는 휠체어를 타고 조카의 결혼식에 참석하셨다. 휠체어에 앉았지만, 염색을 한 머리를 꾸미고 예단으로 받은 노란한복을 곱게 차려입은 모습이 정말로 잘 어울리셨다. 예식장에 도착한 어머니는 많은 사람들 속에 자칫 누라도 될까봐 잠시 움츠리시는 모습으로 굴곡진 미소를 지으셨다. 연약한 심성이 훤히 드러나보여 안쓰러웠다. 노랗고 어지럽게 비춰지던 잔상이 아직도 마음을 싸하게 얼룩지게 한다. 하지만 이내 딸들의 이구동성의 찬사에 어머니는 민들레꽃을 닮은 미소를 보여주셨다.

예식장 앞줄에 앉아 식이 진행되는 내내 고요하고 맑은 모습이었다. 시간이 지나면서 안정감이 드셨는지 잔잔한 웃음이 고운 얼굴에 환하게 번졌다. 멋지고 의젓한 조카와 화사하고 아름다운 자태의 조카 며느리의 행복한 정경은 우리들을 흐뭇하게 했다. 손주 며느리를 바라보는 어머니의 미소도 활짝 피어나고 있었다.

이제 얼마 남지 않은 이 세상에 언제 그렇게 단장하실 일이 또 있을까 싶었다. 노인들은 내일의 삶이 불투명하지 않으신가. 누가 뭐래도 딸들에겐 두고두고 그 아름다운 모습이 예쁜 기억으로 가슴에 남아 있을 거다. 예전부터 한복이 잘 어울리는 개성 미인이셨지만 근간에 본 그 자태는 그렇게 고와 보일 수가 없었다.

어머니의 참석에 미리 준비하려던 폐백은 안하는 걸로 정리가 되었다. 요즘은 폐백도 집안 사정따라 생략하는 경우도 더러 봤기에 서운한 마음이 약간은 일었지만 이해했다. 많은 축하객들 속에 무사히 결혼식이 끝나고 가족모임까지 화기애애하게 마쳤다. 어머니를 집으로 모시고 온 뒤 올캐와의 전화에서 “내가 이제 손주 결혼식을 보고나니 죽어도 여한이 없다”는 말을 하시는 걸 곁에서 들으며 가슴 한켠이 뭉클했다. 그래도 잘 모시고 다녀왔다는 것으로 위안을 삼으며 조카의 행복한 미래를 다시금 축원했다.

이제 식을 마치고 얼마가 지난 시간이고 그때는 경황이 없어 그러했으리라 생각하고 있었다. 하지만 뒤늦게 어머니께 조용히 자신의 마음을 이야기하며 섭섭해 한다는 말에 여러가지 생각이 들었다. 가족의 분위기가 회색으로 바래지며 눅눅해진다. 보기 싫고 남에게 구차하다고 아버지를 비켜간 ‘내딸 서영이’의 드라마가 남의 일이 아닌 걸로 부각되는 건 나의 지나친 대비로 속 좁은 치부를 드러내는 건가. 예상 밖의 생각의 다름을 전해 들으니 씁쓸함이 가시지 않아 묵직한 것이 지긋이 눌러온다. 평소에 보여준 성품과 다른 모습이기에 더 안타까운 일로 다가오는 게 아닐까.

부모가 되고 자식을 낳고, 그 자식이 결혼을 하고 그걸 바라보며 사는 게 삶이기에 어느덧 나도 아이를 출가시킬 나이가 되었다. 그러면서 새삼 느끼지만, 이번 일은 인식의 부재가 낳은 산물이라는 생각에 아쉬운 한숨으로 마음이 어둡다.

결혼식이라는 것이 많은 분들께 좋은 소식임을 알리고 축하를 받으며 미래를 위한 형식을 갖추는 예가 아닌가. 거기에 가족의 진정한 축하는 빠질 수가 없다고 본다. 그런데 혼자만의 상념의 결정으로 자리한 외로운 꽃처럼 보여 안쓰럽다. 결혼을 준비하다 보면 가족사가 다르고 여건이 달라서 많은 에피소드가 있다. 예기치 않은 일들도 생기고 급격한 경우에는 파혼까지 이르는 불상사가 빚어지기도 한다. 하지만 지켜야할 일이 있고 격식은 있다는 생각은 어쩔 수가 없다. 부디 나의 시각이 무딘 것이길 바라는 마음 간절하지만 어머니의 미소만은 간직하고 싶다.

라스베가스

차갑수
gapcha@hanmail.net

라스베가스는 공항 입구서부터 곳곳의 전광판이 정신을 앗아간다. 획획 돌아가는 도박판의 손놀림이 그야말로 마술 같다. 눈요기만으로도 마력에 끌려 혼란스럽다.

아들은 3박 4일 여행 가이드로 자청했다. 호텔 마다 외형상 건물이 호화찬란하기 그지없다. 숙박비가 비쌀 것 같아 적당한 곳으로 정하라 했더니, 아들 왈, 이미 인터넷 속에서 경매로 낙찰 받았으니 맘 놓으란다. 숙박도 경매가 있다는 그 말이 신선하게 들린다. 모텔보다 싼값에 고급 숙박을 하게 된 셈이다.

베가스는 사막에 세워진 도박의 도시다. 색다른 세계를 체험하게 될 현장이다. 사막의 열기는 한국 기후와 전혀 다르다. 온도는 훨씬 높은데 습도가 없어 몸이 끈끈하지 않다. 지상의 열기는 새벽부터 활활 달군다. 마치 거대한 찜통 안에서 활보하는 그런 느낌이다. 베가스의 다운타운 낮 풍경은 그저 그렇다. 밤을 위해 만들어진 도시가 맞는 말 같다. 호텔마다 특징을 살린 간판들이 중천에 뜬 듯이 뽐내고 있다. 한낮의 도시는 태양에 주눅 들어 그 화려한 빛이 제대로 발산되지 않고 있었다.

이튿 날이다. 아들은 어젯밤 내가 잠든 사이 이미 게임을 즐기고 왔단다. 악마의 손짓은 재밌는 이야깃거리다. 도박 천국에서 돈을 잃고 따는 일은 상식이다. 문득 큰돈을 거머쥐고 세상을 흥분시킨 손지창 장모의 일화가 생각났다.

베가스에는 각각 제나라의 위용을 드러낸 건물의 규모나 크기가 경탄스럽다. 예술이다. 예를 들면 뉴욕뉴욕, 에펠탑, 스핑그스 등등 호텔 내부를 보면 그 나라의 문화와 생활양식을 그대로 옮겨놓은 축소판이다. 나라마다의 경제력과 경쟁력 싸움이 매우 치열하다. 돈에 모든 가치를 거는 곳이다.

슬슬 해가 너머 간다. 일몰이 특별한 감흥을 몰고 온다. 서양의 석양은 동쪽 나라, 한국에서 바라보던 노을과 달랐다. 서부의 서녘은 그야말로 불탕 같다. 천만도 그 이상의 자연 화력이 부글부글 끓는 형상이다. 불덩이를 확 쏟아 부은 강성의 에너지다. 보는 내내 눈의 황홀감을 감출 수 없다. 온몸에 기운을 돌게 하며 열정을 부추긴다. 붉은색과 유난히 짙은 잿빛 물감 그리고 폭발 같은 흰 구름의 조화는 어느 화가를 떠올려 저런 그림의 극치를 누리겠는가. 광활한 하늘이 그만 넋을 잃게 한다. 사막의 황혼은 그야말로 광풍(光風) 속이다. 꼴깍, 너머 가는 해넘이의 막바지 거동이 수상하기가 이를 데 없다. 그 위용이 하도 대단하여 사람의 몸에 불을 당기 듯하다. 각처에서 몰려든 나그네들 시선이 온통 서쪽 그 하늘로 집중된다. 막연히 귀동냥으로만 들어오던 베가스의 저녁 풍경을 탄성을... 필설로 표현하기에 내 언어가 많이 모자란다. 인간수명 백세시대, 건강하게 잘 살며 많이 보자는 게 해답이다.

서서히 밤이 열리며 거리에 인파가 점점 늘어난다. 슬슬 분위기가 고조되고 있다.

베가스의 밤은 그야말로 불야성을 이룬 지상 낙원이다. 거리

전체가 연회장이고 쇼룸이다. 호텔마다 설치한 거리의 화면은 나그네들 발목을 뚝 멈추게 한다. 현란한 춤사위와 도박사의 손놀림이 가히 마법의 천국이다. 도박을 모르는 나도 울렁거리게 한다. 기계가 제아무리 발달했다 해도 손가락의 순발력을 당해내지 못할 것 같다. 인간을 흥분시키기로 여기만한 세상이 또 있겠는가. 관광객 주머니를 노리는 수단과 수법이 기이하여 혼을 빼게 한다. 돈을 잃는 게 크게 중요하지 않은 분위기다. 슬롯머신이나 딜러의 유혹을 뿌리칠 수 없게 한다. 머니를 잃는 것도 여행의 과정이다. 즐거움이 수확이다 목적이다. 도시에, 매력에 빠질 수밖에 없게 한다.

오후 8시다. 거리에 흐르던 음악이나 굉음이 뚝 멈춘다. 인파가 웅성웅성 모인다. 우리도 호텔 앞 거기에 합류했다. 어딘가 건물에서 종을 친다. 종소리가 장엄하게 번진다. 여덟 번 울린다. 갑자기 시내가 엄숙해 진다. 잠시 후 호수 수면으로 물줄기가 솟으며 리듬을 타기 시작한다. 음악에 맞추어 율동하는 물의 자태에 그만 넋이 혼미해 진다. 신비극을 연출하는데 몽롱해 진다. 환상 그 이상이다. 천상에 나앉은 기분이다. 세계인들 너와 내가 따로 없다. 감동에 젖은 표정이 하나같다. 워터 쇼에 푹 빠져들었다. 훌륭하다. 자본주의 미국의 힘이랄까 그 위대함을 칭찬하지 않을 수 없다. 라스베가스 시 관계자는 이곳을 방문한 나그네들 가슴에 돈의 맛이 무엇인가를 각인시켜 준 셈이다. 자식에게 받은 선물로 최고의 가치다. 다국적 국가로서 인종의 차별이 없는 자유민주주의 국가다운 면모를 보여준다. 관광객들에 대한 예의와 보답에 소홀함이 없고 제나라의 힘을 유감없이 뽐내고 있다.

이번 여행의 계획을 세워 준 사위와 아들의 덕이 짭짤했다.

폭포가 갑자기 불로 뒤바뀌는 불 폭포 쇼, 밤을 쏘아 올리는 폭죽 쇼, 반나체로 관광객 발을 묶는 선박 쇼, 그 현란한 세상을 다 열거할 수 없다. 발길 닿는 곳마다 걸음걸음이 구름 밟는 가뿐함. 온몸이 들썩거린다. 파라다이스다. 방방 뛰고 싶다.

아들의 배려로 호텔 슬롯머신 앞에 앉았다. 20불 넣고 기계 조작하는 법을 가르쳐 준다. 1센트짜리 도박이다. 기계를 조작할 때 마다 돈이 나가고 또 들어오는 계산이 한눈에 파악된다. 도박의 도시로 여행 왔는데 적당히 잃을 각오를 했다. 20불쯤 잃었을 때 그만하고 싶어졌다. 역시 돈이란 따면 기분이 상승하고 잃으면 아드레날린이 분비된다. 20불 잃는데 두어 시간 걸렸다. 시간 즐기기로 최고의 게임이다. 일어서기가 망설여진다. 한 번만 더 하자고 욕심이 생긴다. 에라, 막판에 슬롯머신을 잡아당겼다. 그런데 동전 떨어지는 소리가 예사롭지 않다. 하나 둘 열 백... 계속 떨어지는데 눈의 동공이 커진다. 만면에 희색이 돈다. 놀랍다 놀라워서 가슴이 뛴다.

1센트짜리 540개가 미끄럼 타듯이 한꺼번에 떨어진다. 그 희열이 좀 짜릿한 게 아니다. 사람들은 이런 기쁨 때문에 베가스를 방문하는 것일까. 도박의 즐거움을 손으로 가슴으로 맛보았다. 함박웃음이 절로 터졌다. 그때 옆자리 외국여성이 엄지를 치켜세우며 크게 웃어준다. 기회가 닿으면 또다시 여행 하고 싶은 곳, 도박놀이 천국 라스베가스다.

나는 인간이 살아서 숨 쉬어야 하는 또 하나의 이유를 발견하고 돌아왔다.

지금도 선연하다. 마치 검붉은 피가 도는, 혈기 왕성한 청년의 팔뚝에 흰 속살의 숫처녀를 휘감치고 두둥실 떠가는 석양의 구름바다. 그 유령 같은 춤사위를...

귀신과 도깨비

최미옥
cmr0514@hanmail.net

저녁설거지를 끝내고 거실로 나오다가 깜짝 놀라 걸음을 멈추었다. 텔레비전 화면 가득 뿔 달린 도깨비가 눈을 희번덕거리고 있었다. 클로즈업 된, 화가 난 도깨비는 어른도 선득하게 했다. 생떼 부리는 아이를 혼내주는 도깨비 프로그램이 일본에서 개발되었는데 효과가 그만이라고 한다. 아이들이 기겁하며 '얼음땡'이 되어버리는 모습에 웃음이 절로 났다.

며칠 전, 딸과 손자가 벌인 해프닝이 생각났다.

장롱문틈에 넥타이가 끼어 있었다. 누군가가 문을 잘못 닫은 모양이었다. 장롱 밖으로 두어 뼘쯤 삐져나와 있는 넥타이를 본 네 살배기 손자가 제 어미에게 뭐냐고 물었다. 농익은 빨강과 엷은 분홍, 검정색이 굽이치는 물결처럼 배열된 현란한 넥타이였다. 아이와의 씨름에 지쳐 있던 딸이 공포모드를 조성하며 '귀신'이라고 말했다. 파랗게 질린 꼬마가 울음을 터뜨렸다. 귀신이 무엇인지 알까 싶지만 무서움은 본능적으로 느끼는 듯. 눈물 콧물 범벅이 된 채 아이는 좀체 울음을 그치지 않았고 딸은 쩔쩔맸다. 그들 모자를 바라보는데 아득한 세월을 접으며 한 컷의 그림이 떠올랐다.

언니와 자취를 하던 여고 시절, 대여섯 살이던 빡빡머리 막내동생이 연락병으로 활약했다. 주말이면 동생은 엄마가 올망졸망 싸주신 보따리와 함께 자취방엘 왔다. 몇시 차로 온다는 연락을 받으면 미리 차부에 나가서 기다리고 있다가 동생을 데리고 왔던 것이다. 막내는 읍내 구경에 신이 났고 언니와 나는 엄마가 싸주신 먹거리에 흥이 났다. 그 아이가 오는 날은 냉냉한 자취방에 훈기가 돌았다. 늘 책상 앞에만 앉아있던 언니가 앞모습을 보여주는 것도 그때였고 만화나 소설책에 코를 박고 살던 나도 책을 접었다. 아주 가끔 언니가 짜장면을 사 주는 것도 동생이 왔을 때였다.

하루는 저녁을 먹고 노는 중에 귀신이야기를 하기 시작했다. 눈을 반짝이며 홀린 듯 누나들의 이야기를 듣던 막내가 어느 순간 왕, 울음을 터뜨렸다. 딴에는 참느라 애썼던 듯, 터진 울음을 감당키 어려웠다. 언니와 내가 합세해서 잔뜩 공포모드를 조성했으니 아이의 두려움이 극에 달했던 모양이었다. 애초에 울리지 않았어야 하는 것을. 암만 달래도 그치지 않아서 언니와 둘이서 번갈아 가며 업었던 생각이 났다. 삐진 동생은 다시는 안 온다며 엄포를 놓았다. 그 아이가 다시는 안 왔는지 또 왔는지 기억은 없지만 암튼 그 날 언니도 나도 동생도 모두 생고생을 했다.

귀신 이야기에 놀라 울음을 터뜨렸던 경험은 내게도 있다. 대중목욕탕은 생각도 못 하던 아득한 시절, 유일하게 면사무소에 목욕탕이 있었다. 아버지가 직원인 덕에 우리는 연례행사로 몇 차례 이용을 했다. 이른 저녁 아버지와 남동생들이 목욕을 시작하면 언니와 나는 차례를 기다리며 시간을 보내야 했다. 텅빈 사무실이나 숙직실에 우리 자매만 두기가 그랬던지 잔심부름을 하던 오빠가 함께 놀아주었다. 그는 입담이 좋았다. 호롱불이었을까, 촛불이었을까. 눈앞의 어둠만 가실 뿐인 어두컴컴한 사무실에서 각종 귀신이야기를 풀어놓을라치면 어린 우리는 침을 꼴깍 삼켜가며 빠져들었다. 그날은 이야기가 업그레이드되었던 듯, 그가 달걀귀신을 목격한 곳이 바로 사무실이었다고 했다. 어른 머리통만 한 달걀이 통통 뛰어다니다가 이 구석 저 구석을 휙휙 날아다니는 것을 자신의 두 눈으로 똑똑히 봤다고 말하는데 오빠의 두 눈이 달걀만큼 커보였다. 귀신의 출현 장소, 그 현장에서 듣는 귀신이야기는 공포심을 극에 달하게 했고 언니와 나는 동시에 울음을 터뜨렸다. 이후 달걀귀신은 오래도록 내 안에 둥지를 틀어버렸고 그를 쫓아내는 데는 제법 세월이 걸렸던 듯하다.

옛날 중국 전국시대, 그림을 좋아하던 제나라 임금이 화공에게 물었다. 가장 그리기 어려운 그림은 무엇이며 쉬운 그림은 무엇인가. 화공이 말하기를 가장 어려운 그림은 개나 고양이를 그리는 것이고 가장 쉬운 그림은 귀신과 도깨비를 그리는 것이라고 했다 한다. 귀신이나 도깨비는 실체를 접하지 않았어도 이미지만으로 공포심을 유발한다. 귀신과 도깨비는 비교 분석의 연구대상이 되기도 하지만 아이들에겐 구분되지 않을 것이고 보면 도깨비 캐릭터로 떼쓰는 아이를 입 다물게 하는 어른들의 아이디어가 기발하기만 하다.

기도

최지은
choi797420@hanmail.net

아들이 대학에 합격했다. 명문대는 아니지만 아들이 최선을 다 한 대학이라 아들과 나는 무척 마음에 든다.

삼십년 전, 대학 시험 보겠다고 우겨서 엄마와 한동안 불편하게 지냈던 기억이 난다.

여고 졸업 전에 취직이 됐는데 엄마는 내가 취직한 곳을 마다하고 대학 갈까봐 걱정이었나보다. 가정 형편이 좋지 않았으니 엄마의 마음을 이해 못하는 것은 아니지만 그 일은 오래도록 내게 상처가 되고 말았다. 직장생활 내내 매년 입시 때가 되면 대학을 가지 못했다는 것으로 가슴앓이를 해야 했다. 대학진학 한 친구들이 몹시 부러웠다. 그들의 인생은 성공적으로 보였다. 고속도로처럼 죽죽 뻗어 보였고 나만 뒤쳐지는 것 같은 열등감에서 오래도록 헤어날 수 없었다.

마흔 살에 접어든 어느 날 이었다. 내가 다니던 직장에서 승진기회가 왔는데, 보기 좋게 미끄러지고 말았다. 경력으로 보나 능력으로 보나 승진에서 자신 있다고 여겼던 내게 그 일은 큰 충격이었다. 더구나 미끄러진 이유 중의 하나가, 전문지식의 결핍, 곧 대학 미 졸업이라는 소리를 들었다. 그것은 내게, 나는 나 자신을 위해 무엇을 준비 했는가에 대한 생각을 갖게 만들었다. 부모가 보내 주지 않았다해서 주저 앉았던 대학 진학의 건이나, 자기

계발에 대한 노력을 하지 않았던 내 자신에 대한 반성이 밀려왔다. 왜 나는, 더 나은 나의 삶이라는 것을 꿈꾸지 않았을까. 그것을 위해 준비하지 않았을까.

그 일이 있은 후 많은 생각 끝에 방송통신대학에 입학 했다.

학교에 입학이 되어 비로소 첫 수업을 받게 되었던 전 날 밤 설레어 잠을 이루지 못했던 기억이 난다. 지금처럼 시스템이 잘 되어 있지 않았던 방송통신대학의 공부는 쉽지 않았다. 직장일과 병행하면서 해야 했던 공부는 매 시험 때마다 어깨뼈가 부서지는 고통을 주기는 했지만, 오기로 똘똘 뭉쳐진 나를 무너뜨리지는 못했다. 목적이 있는 삶이 어떤 것인지 나는 그때 알았던 것 같다. 마흔 넘은 늦깍기 학생이 공부하는데 많은 불편함을 이겨 낼 수 있었던 어떤 힘, 그때의 목적을 향한 열정적 시간에 대한 기억은 오래도록 내가 삶을 사는데 많은 용기를 주곤 한다.

공부를 마치고 졸업장을 받게 되던 날의 감격을 잊을 수 있을까. 명문 대학의 어떤 졸업장과도 비교 될 수 없는 용기와 인내의 힘으로 건져낸, 나와의 싸움에서 이긴 승리의 졸업장이었다.

인생에서 '뭔가를 이룬다는 것에서만 맛 볼 수 있는 기쁨의 단 맛을 알게 했던 시절이었다.

그 이후 나는 삶에서 요행을 생각해 본 적이 없다. 내 삶에서 '불행'이란 단어를 입에 담아 본 적도 없다. 요행이나 불행이라는 단어를 앞세우기보다는 수확을 위해선 밭을 일구어 내어야 하는 게 삶이란 것을 내게 주문하며 살아왔다. 통신대 공부의 시간은 오래도록 대학을 보내 주지 않았다는 것으로 부모를 원망해 온 어리석은 내가 내 부모님들과 진정으로 화해를 한 시간이었다.

그리고 이제, 나의 아들이 대학생이 되었다. 자신의 삶을 일구고, 터를 닦는 것에 대해 스스로 해내고, 생각하고, 깨닫고, 다듬는 시간이 되기를 기도한다.

달콤하게, 쌉쌀하게, 때로는 쓰리게 깨닫는, 아들의 인생에 한 획을 그을 수 있는 시간이 되어주기를 간절하게 기도한다.

동시

몸에 좋아요

김두례
g1004you@hanmail.net

—쩝쩝
훈이 아주머니가
칡넝쿨 새순을 꺾어
씹어 먹는다

뒤따르던 옆집 선희 아주머니
—어디에 좋은데요?
—몸에 좋아요
—그래요?

선희 아주머니 쌉쌀하다면서
잔뜩 인상을 쓰고 먹는다

—몸에 좋아요?
뒤따르던 우리 엄마도
칡넝쿨 새순을 꺾어 씹는다

귀신이 사는 걸까

책상 서랍에 넣어둔
나비 머리핀이 없어졌다

내 머리핀 본 사람 없어요?

아빠는 난 필요 없지
엄마는 난 안 만졌다
언니는 나는 일찍 학교 갔잖아

동생에게도
내 머리핀 보았니?
만날 나보고만 가져갔대
칫, 안 가져갔거든

누가 가져간 걸까?

우리 할머니

김성녀

배낭을 메고
지팡이를 친구 삼아
할머니 시장 가신다

콩나물 한 바구니
길쭉한 호박
배낭 속에 햇살 가득
시원한 바람 한 웅큼
말캉거리는 두부 한 모 구름이 된다

구수한 두부찌개
아삭아삭 콩나물 무침
할머니 얼굴에 웃음이 가득
우리 입속엔 행복이 가득

영어 공부

영어 공부하는 우리 할머니
에이 삐 씨 디 신나게 읽죠
하우 올드 아유
아이엠 쎄븐티 에잇
외우고 또 외워도 깜빡

조심조심 쓴 글씨
삐뚤 빼뚤
글씨 보고 웃고
할머니 보고 웃고
어깨 다리 주무르며
온 식구 히히 하하 호호호

는개

정명희
jmharim@hanmail.net

하늘은 눈 내리지 않고
는개가 내리고 있다

하얗게 눈꽃 피운 가지에
는개는 훼방을 놓는다

꼭 내가 놀 때 와서
훼방 놓은 민준이처럼

자욱한 는개 같은
민준이 마음을 모르겠다.

*는개: 안개보다 조금 굵고 이슬비보다 조금 가는 비

솔이끼

풀씨 날아와
폭신폭신한 솔이끼에
꽃잠을 잤어

잠든 사이 시나브로
친구들 놀러 와
새침 떼며 자라고 있지 뭐야

고운 햇살 가지 끝마다
품어주며 생명 틔워주는 솔이끼
참 고마웠어.

콩나물 외계인

정미경
jmk4033@naver.com

숲 속 빈집
낡은 싱크대 거름망 속에서
콩 한 줄기 태어났어요

어느 외계 생명체처럼
플라스틱 분화구에서 삐죽,
고개를 내밀고 있어요

무거운 머리, 가느다란 몸
습기를 찾아 촉수를 뻗고 있어요

땅속에 뿌리내리지 않아도
물이 없어도 살아갈 수 있는 생명체
언젠가는 이 스테인리스별의
새로운 주인이 될 거예요

이곳 폐허에서도 기필코 살아남아
바람 편에 신호를 전송하며 흔들릴 거예요

여기, 누군가 있다고

감 따는 날

가지마다 주렁주렁
붉은 감이 열렸어요
까치들이 깍깍 군침을 흘려요

형들이 까치발 들고
가지마다 매달려요

깍깍
까치들이 빙빙 돌며 방해를 해요
휙휙
장대들이 날아다녀요

흔들흔들 삼촌 목말 타고
한 바구니 땄어요
휘적휘적 긴 장대 들고
또 한 바구니 땄어요

해님도 숨차서 빨개졌어요
내 얼굴도 홍시처럼 빨개졌어요

맛있는 감들이 가득한 바구니 속에서
아파서 누워 계신 할머니가
환하게 웃고 있어요

동화

멸치

곽은영
kwakkwak0608@hanmail.net

1.

학교 수업이 다 끝났습니다. 윤정이는 혼자 뒷문으로 걸어 나왔습니다. 고개를 푹 숙인 채 말입니다.

"너한테서 냄새가 나, 저리 가!"

짝꿍은 코를 감싸 쥐었습니다. 비린 냄새가 폴폴 풍겨 나오는 윤정이랑 더 이상 짝을 할 수 없다고 소릴 질렀습니다. 담임선생님도 어쩔 수 없이 윤정이를 맨 뒷자리에 가서 혼자 앉으라고 했습니다. 윤정이는 차라리 그게 더 낫다고 생각했습니다.

'멸치를 빼앗길 순 없어!'

윤정이는 주머니 안에 멸치를 한 줌 넣고 다닙니다. 더 많이 넣고 싶지만, 새엄마가 눈치를 챌까 봐 마음을 꾹 누릅니다. 아무리 반 아이들이 냄새가 난다고 해도 윤정이는 친구를 생각하면 참을 수 있습니다.

서둘러 친구를 만나러 갑니다. 앗, 저기 벌써 나와 있네요.

"야옹, 야옹!"

"초롱아, 안녕? 통통이도 어서 와."

윤정이는 쪼그리고 앉았습니다. 구멍가게 옆 창고는 도둑고양이들의 사랑방입니다. 윤정이는 서둘러 멸치를 꺼냈습니다. 한 마리씩 고양이들 발밑에 놓기도 하고 코앞에 들이밀기도 합니다. 털을 비비는 고양이도 있고, 갸르릉 거리며 앞발을 살살 흔들기도 합니다. 멸치를 줄 때마다 윤정이는 환하게 웃습니다.

"후다닥!"

사람들이 지나갑니다. 쓰레기봉투를 들고 나오는 사람도 있고, 지나가면서 쳐다보는 사람들도 있습니다. 놀란 고양이들이 쏙쏙 도망을 가면 윤정이도 얼른 일어나 그 자리를 떠납니다.

약수터로 오르는 길은 그리 멀지 않습니다. 물론 처음에는 숨이 찼습니다. 긴 계단을 올라갈 때마다 몇 번이고 쉬었으니까요. 하지만 이제는 콧노래를 부르면서 올라갑니다. 윤정이는 여기서 흩어진 고양이들과 다시 만납니다.

"오늘은 네가 빨리 올라왔네? 통통아, 그러다가 홀쭉이로 이름을 바꾸는 거 아니니?"

윤정이는 빙그레 웃습니다. 주머니에 있던 멸치는 다 주고 없습니다. 윤정이는 가방을 열고 멸치를 꺼냈습니다.

"천천히 먹어. 배고프지? 있잖아, 넌 집이 어디니? 집에 가기 싫다. 학교도. 너희랑 같이 살까, 응?"

윤정이는 가만히 초롱이의 머리를 살살 긁어 주었습니다. 어둑어둑 해 지는 하늘을 바라보면서 한숨만 길어집니다.

집으로 돌아왔습니다. 아무도 없습니다. 아빠와 새엄마는 밤늦도록 장사를 합니다. 화장품이 잔뜩 놓인 새엄마의 화장대를 봅니다. 쌀쌀맞고 차가운 새엄마! 어쩌면 새엄마는 진짜 마녀인지도 모릅니다. 저 화장품을 잔뜩 바르고 나면, 무서운 아빠가 새엄마 앞에서는 양처럼 순해지기 때문입니다.

"있잖아, 너희들은 마녀랑 사람을 구별할 수 있다면서? 진짜? 그럼, 새엄마가 마녀일까 사람일까?"

윤정이가 물어보자 고양이들은 모두 한꺼번에 대답합니다.

"야옹, 야옹!"

방 안에 들어서자 불을 켰습니다. 차가운 밥통 옆에 종이 한 장이 달랑 놓여 있습니다. 동전 두 개랑 말입니다.

'라면 끄려 머거. 청소 깨끄시 해.'

윤정이는 물끄러미 종이를 바라보았습니다. 초등학교 6학년인 자기보다 더 큰 어른이면서 글자도 모르다니 코웃음이 흘러나왔습니다. 윤정이는 종이를 구겨서 책상 서랍에 던져 넣었습니다.

갑자기 윤정이는 부엌으로 갑니다. 찬장에서 몰래 멸치를 꺼냈습니다. 주머니가 불룩하게 튀어나왔습니다.

윤정이는 동전 두 개로 라면을 샀습니다. 끓여 먹기도 귀찮습니다. 주먹으로 부셔 라면 조각을 깨물어 먹습니다. 오도독 오도독! 스프를 살짝 뿌려 먹기도 하지만 오늘은 라면만 먹습니다. 책상 서랍에 스프를 넣어 두었습니다. 라면 부스러기도 살살 모아서 책상 서랍에 털어 넣습니다. 서랍 안은 이미 만원입니다. 연필 깎은 가루, 코를 푼 휴지, 먹다 남긴 빵, 양말 한 짝…….

아, 불을 안 켰습니다. 윤정이는 불을 켜고 다시 숙제를 합니다. 밤 12시가 지나갑니다. 요즘 윤정이는 잠도 잘 오지 않습니다.

"고양이는 야행성 동물이라지? 너희는 밤마다 어딜 가니? 나도 따라가면 안 되니?"

멀리서 고양이 소리가 들려옵니다.

"야옹, 야옹!"

2.

"뭐라고요? 도대체 무슨 소리를 하는 겁니까?"

아빠는 학교에서 걸려 온 전화를 받았습니다. 윤정이가……! 경찰차가 출동하고 구급차도 달려왔습니다. 쓰러진 반 아이들이 실려 나갔습니다. 턱을 덜덜 떠는 담임선생님은 겨우 손가락을 들어 가리켰습니다.

"저기… 저기……."

윤정이는 교탁 밑에 잔뜩 웅크리고 있었습니다. 두 눈을 번뜩이면서 멸치를 꽉 쥔 채 말입니다.

"그러니까 하도 냄새가 심해서요. 몇 달 째 몸에서 악취가 났으니까요. 반 아이들이 여간 고통스러운 것이 아니었어요. 말을 해도 대답도 없고 야단을 쳐도 소용이 없었어요. 어머니께 전화했지만, 별일 아니라고만 하더군요. 하지만 오늘은 도저히 안 되겠다 싶어서 소지품 검사를 했지요."

담임선생님은 반 아이들 앞에서 윤정이의 가방을 거꾸로 흔들어 댔습니다. 우르르 쏟아지는 멸치들.

"우하하하!"

"어머, 저 멸치 좀 봐. 뭐야?"

담임선생님과 반 아이들은 배를 잡고 웃었습니다. 선생님은 불룩한 주머니를 가리켰습니다.

"꺼내. 어서!"

"……."

"어서!"

"……."

담임선생님이 강제로 주머니에 손을 넣으려는 순간이었습니다. 갑자기 윤정이는 의자를 집어 던졌습니다. 유리창이 깨졌습니다. 책상을 발로 찼습니다. 책도 집어 던졌습니다. 가방도 휙 날아갑니다. 대걸레도 양동이도 휙휙 날아갔습니다.

"꺄아악!"

55병동입니다. 윤정이는 달라 보였습니다. 하나로 길게 묶었던 머리 모양이 짧은 스포츠형 머리로 바뀌었습니다. 작고 가냘픈 몸도 통통하게 살이 올랐습니다. 통 말이 없었는데 여기서는 아무하고도 말도 잘하고, 잘 웃습니다.

밤이면 도둑고양이들이 야옹거리는 소리를 듣습니다. 여기에 사는 고양이들은 어떻게 생겼을까요?

일 년이 지났습니다. 오늘부터는 11병동에서 지내게 되었습니다. 55병동은 폐쇄 병동이라 나가는 일이 거의 없었습니다. 하지만 11병동은 일반 병동입니다. 여기서는 산책 시간도 있고, 운동 시간도 있습니다. 윤정이는 고양이들을 어서 만나고 싶습니다. 멀리서 소리만 듣던 그 고양이들은 멸치를 좋아할까요? 반찬으로 나온 멸치 볶음을 먹지 않고 주머니에 넣어 두었습니다. 기름이랑 깨소금이 범벅이지만 잘 먹겠지요?

"안녕? 이거 먹어."

정말 다행입니다. 한 마리 두 마리 점점 모여듭니다. 무척 배가 고팠나 봅니다.

"넌 한쪽 눈이 없구나. 왜 그랬니? 누가 돌을 던졌니? 미안해. 아프지? 사람들은 아주 쉽게 다른 사람에게 상처를 준단다. 상처를 받은 사람들이 많아지면 결국 이 세상은 다 불행해 질 거야."

윤정이는 한쪽 눈이 없는 고양이에게 제법 큰 멸치를 골라 주었습니다. 그때였습니다. 새끼 고양이들이 보였습니다.

"어머, 진짜 귀엽다. 네 새끼들이니? 새끼 고양이들아, 참 좋겠다. 나도 엄마가 있으면 좋겠어. 우리 엄마는 하늘나라에 계신단다. 사람들은 사랑하는 사람들과 함께 산다는 것이 얼마나 행복한지 몰라. 누구든지 사랑하는 사람들을 소중하게 감싸주어야 해. 그래야 상처가 금방 낫거든."

3.

오늘은 병원에 약을 타러 가는 날입니다. 전철을 타고 07병동에 가야 합니다. 이번 달부터 일반 병동이 아닌 개방 병동에 다닙니다. 07병동에 다니는 환자들은 집에서 통원치료를 합니다.

새엄마가 남동생을 낳았습니다. 아빠는 아기만 보고 윤정이는 아예 쳐다보지도 않습니다. 가끔 뒤통수에 대고 몇 마디 말하기는 하지요.

"에잇, 쓸모없는 것!"

윤정이는 아무 말도 하지 않았습니다. 현관문을 나서면서 하늘을 한번 올려다보았습니다. 오늘은 윤정이의 생일입니다.

'있잖아, 난 한 번도 선물을 받은 적이 없어. 그러니까 받은 적은 없어도 누군가에게 선물이 될 수 있다면 참 기쁠 것 같아.

차라리 멸치가 되면 어떨까?”

윤정이는 갈아타는 역을 지나쳤습니다. 종착역까지 와서 버스를 타고 달려갔습니다. 여기가 어디인지 모르지만 마음에 듭니다.

“와, 바다야!”

처음 봅니다. 윤정이는 자꾸 앞으로 걸어나갔습니다. 만져 보고 싶었습니다. 아니, 풍덩 뛰어들어서 둥둥 물에 떠 보고 싶습니다. 힘차게 수영이라도 해 보고 싶습니다. 가슴이 콩닥콩닥 뜁니다. 이렇게 설레고 들뜬 기분은 처음입니다. 저 밑바닥에서 무언가 벅차게 치밀고 올라옵니다.

“풍덩!”

오렌지 털이 화려한 고양이입니다. 윤정이는 고양이가 된 것이 신기했습니다. 갑자기 어디선가 커다란 고래가 다가왔습니다. 고래는 윤정이를 태우고 아주 빠르게 헤엄쳐 갑니다. 저 깊은 바닷속으로 말입니다. 이 넓은 바다에서 커다란 고래가 되어 산다면 얼마나 신나고 좋을까요? 하나도 무섭지 않습니다. 제일 힘이 세니까요.

앗, 저기 은빛 멸치 떼가 보입니다. 수천 마리가 떼 지어 다닙니다. 고래는 그 멸치 떼 속으로 돌진합니다.

“안 돼! 멸치들이 다 죽겠어.”

오렌지 고양이는 깜짝 놀랐습니다. 그런데 어찌 된 일일까요? 멸치들은 흩어졌다가 다시 모였습니다. 단 한 마리도 다치지 않고. 저 멀리 헤엄쳐 갑니다. 고래보다도 더 빨리 말입니다. 이 넓은 바다에서 커다란 고래로 사는 것보다 작은 멸치가 되어 사는 것은 더 힘들 텐데…….

'참 대단한 멸치야!'

"얘, 괜찮니?"

윤정이는 눈을 떴습니다. 사람들이 우르르 몰려들어 쳐다봅니다. 하지만 윤정이는 은빛멸치만 눈앞에 보였습니다! 저 파란 바다, 멸치가 당차게 헤엄쳐 갑니다. 거대한 파도도 커다란 고래도 무섭지 않습니다. 참 대단한 은빛 멸치 한 마리가 눈앞에 파닥파닥 꼬리를 칩니다.

태양아, 미안해!

구본석
stone0605@hanmail.net

상목이가 부둣가에서 웅성대는 사람 중에서 한 아이를 눈여겨보고 있었다. 그 아이는 다른 나라 군인 아저씨들이 입고 다니는 진한 녹색 군복을 입고 있었다. 군복이 너무 크고 헐렁했지만, 아주 근사해 보였다.

"너, 혹시?"

상목이는 말을 걸까 말까 망설이다가 아이 어깨를 '툭툭' 쳤다. 아이는 상목이를 빤히 바라보며 어리둥절한 표정을 지었다.

"나야. 상목이! 모르겠어? 그 있잖아……."

아이는 상목이를 찬찬히 훑어보았다. 아이는 상목이가 낯설지 않은데 누구라는 건 금방 알지 못했다. 하지만 옆에 있는 암갈색 말을 보자마자 생각났다는 듯이 손가락으로 '딱' 소리를 내며 빙그레 웃었다.

"그래, 상목이로구나."

둘은 전쟁이 일어나기 전에 동네에서 함께 놀았던 개구쟁이였는데 난리 통에 헤어져 서로 소식을 몰랐다. 수철이도 상목이네가 무사히 피난을 왔는지 궁금했었다.

"너도 무사하니 다행이다."

"우리가 이렇게 많은 사람 중에 만날 줄이야."

상목이와 수철이는 서로 얼싸안으며 반가워했다. 그때 짐수레를 끄는 말이 수철이에게 머리를 들이대며 큰 소리로 울었다.

"히히힝"

"어라, 이 녀석이 나를 알아보네."

"태양이도 널 보니 반가운가 봐."

수철이가 오랜만에 만난 태양이 콧잔등을 긁어 주었다. 태양이도 기분이 좋아 목을 곧게 세우며 붉은빛이 도는 갈기를 출렁거렸다.

"아저씨는 어디 가시고 네가 짐수레를 끌어?"

수철이가 아버지 안부를 물었다. 상목이의 얼굴이 어두워졌다. 태양이도 큰 눈을 끔벅거리며 상목이 눈치를 슬금슬금 살폈다.

"사실은……."

상목이는 목이 메어 말이 잘 나오지 않았다. 상목이 아버지는 피난길에서 만난 군인들이 강제로 끌고 가는 바람에 상목이와 헤어지고 말았다. 아버지는 곧 뒤따라 갈 테니 부산으로 먼저 내려가서 기다리라고 했지만, 여태 아무런 소식이 없었다.

"마음이 아프겠구나. 그럼, 순이 누나는 어떻게 지내?"

"……."

상목이는 슬픔이 차올라 아무 말도 못 하고 울먹거렸다.

"왜 그래, 무슨 일 있어?"

"순이 누나는 피난 오다가 폭탄 파편에 다리를 다쳤는데 치료할 시기를 놓쳐 한쪽 다리를 잘라내고 말았어."

"저런! 순이 누나가 나를 얼마나 좋아했는데……. 지금은 어떠셔?"

"잘라낸 자리가 덜 아물어 아무 일도 못해. 그래서 내가 태양이랑 밤낮 가리지 않고 열심히 일하고 있어. 오늘도 여태껏 일하고 이제야 집으로 가는 중이야."

상목이는 일거리를 구하려고 종일 쏘다녔다는 이야기는 차마 할 수 없었다.

"어? 그래. 누나를 위해서 네가 애쓰는구나. 내가 도울 일은 없니?"

어느새 수철이 눈에 눈물이 그렁그렁 고였다. 상목이는 그 순간 거짓말한 게 너무 부끄러웠다.

"사실은 내가 어려 미덥지 않은 모양인지 짐을 맡기는 사람이 별로 없어. 마부 일은 누나랑 둘이 겨우 입에 풀칠하는 벌이밖에 안 돼. 누나 약도 사야하고……. 곧 겨울이 닥칠 텐데 큰일이야."

상목이는 태양이 등을 쓰다듬어 주는 척하며 다른 데로 눈을 돌렸다. 그때 태양이가 짐수레를 흔들어 '덜걱 덜걱' 소리를 냈다. 마치 상목이에게 힘을 내라고 말하는 것 같았다.

"어디서 살아?"

"으응. 저기……."

상목이는 산등성이 판잣집에서 사는 게 부끄러워 얼버무렸다.

"같이 가보자."

수철이는 집이라도 알아 두려고 짐수레에 냉큼 올라탔다. 상목이는 내키지 않았지만 태양이에게 어서 가자고 채찍으로 재촉했다. 태양이는 치렁치렁한 꼬리를 흔들며 힘차게 짐수레를 끌었다.

"예전부터 느낀 건데, 태양이는 한 번씩 내 기분을 잘 아는 것 같아. 오래전부터 알고 지낸 친구처럼 느껴져."

"어, 수철이 너도 그런 걸 느꼈어? 나도 종종 그런 걸 느껴. 내가 기쁠 때나 슬플 때나 같이 울어주거든. 그래서 내 곁에 있어 주는 것만으로도 큰 힘이 돼."

상목이와 수철이는 모처럼 이야기를 주고받으며 웃음꽃을 피웠다. 태양이도 상목이의 웃음소리를 들으니 기분이 좋은 모양인지 발굽 소리가 경쾌했다.

"이 옷은 어디서 났니? 키 큰 군인들 옷이라고 알고 있는데 말이야."

상목이가 뜬금없이 수철이 옷을 만져보며 부러운 듯이 말했다.

"맞아. 외국 병사들 군복이야. 내가 하우스 보이로 일해서 얻어 입은 거야. 잘 어울리지?"

"응, 좋아 보여. 그런데 하우스 보이가 뭐야?"

"외국 병사들 잔심부름도 해주고 허드렛일을 도와줘. 그러면 가끔 외국 병사들이 먹을 것도 주고 그래. 초콜릿이 뭔지 알아? 달달한 과자인데 입에 넣으면 살살 녹아."

"어, 정말? 너 대단하구나. 어떻게 그런 일을 하게 되었니?"

"이야기하자면 길어. 다음에 말해 줄게."

"지금 말하면 안 돼?"

상목이는 약간 실망한 듯한 눈빛이었지만, 다음에 꼭 이야기 해달라고 말했다.

한참 후, 말방울 소리가 멈추었다. 어느덧 상목이 집이었다. 산등성이 비탈진 곳에 자리잡은 허름한 판잣집이었다.

"수철아, 다음에 초콜릿 생기면 나 좀 줄래. 우리 누나 주게."

"그래, 다음에 올 때 꼭 챙겨올게. 태양아! 너도 잘 지내."

수철이가 손을 흔들며 산 아래로 내려갔다. 부지런히 걸어가던 수철이가 갑자기 무슨 일인지 상목이 집으로 되돌아갔다.

며칠 후, 상목이는 수철이가 말해준 곳으로 이사했다. 살던 곳에서 좀 멀었지만, 숲이 제법 울창한 산자락 아래 새터 마을이었다. 순이 누나는 마을 주위에 넓은 풀밭과 연못이 있어서 태양이가 좋아할 것 같다며 오랜만에 활짝 웃었다.

상목이는 어디서 구했는지 낡은 광목천으로 마구간을 만들었다. 볼품은 없었지만 태양이가 겨울을 따뜻하게 지낼 만해서 흐뭇했다. 상목이는 꼴 자루에서 볏짚을 꺼내 듬성듬성 썰어 솥에 넣고 푹 삶았다.

"어서 먹어!"

태양이는 배가 고팠는지 금세 다 먹어 버렸다. 원래는 입맛이 까다로웠던 태양이가 요즘 들어 아무것이나 잘 먹으니 마음이 놓였다.

새터 마을 아래에는 수철이가 일하는 외국 병사 부대가 있었다. 그래서 수철이는 상목이 집에 자주 놀러 올 수 있었다. 먹을 게 있으면 꼭 챙겨 와서 나눠 먹었다. 상목이는 그런 수철이가 참 고마웠다.

곧 추운 겨울이 찾아왔다. 부산 거리는 피난민들이 몰려드는 바람에 항상 북새통이었다. 상목이는 부둣가에서 짐 나르는 일을 하면서 행여 아버지를 만날까 여기저기를 두리번거렸다. 하지만 아버지 소식조차도 들을 수 없어서 바짝 애가 탔다.

"상목아!"

저녁 해가 뉘엿뉘엿 질 무렵이었다. 상목이가 밥을 안치려고 쌀을 씻는데 수철이가 저만치서 소리쳤다. 수철이는 군복 차림에 검은색 군화까지 신었다.

"야! 멋진데. 베리 굿이야!"

"어쭈, 이젠 제법 영어도 할 줄 아네."

"수철이 너한테 비하면 아무것도 아니지 뭐. 저녁 늦게 웬일이야?"

"에릭 상사님이 내일 태양이랑 함께 부대로 들어오래."

"또 일거리를 주신데?"

수철이는 얼마 전에 에릭 상사님한테 상목이를 소개해 주었다. 에릭 상사님은 붙임성이 있고 눈치가 빠른 수철이를 좋아했다. 그래서 상목이도 눈여겨봤는지 종종 일거리를 주었다.

"에릭 상사님은 상목이 네가 마음에 드나 봐."

"아냐, 태양이가 일을 잘하기 때문이지 뭐."

"사실 태양이 덕분에 이런 것도 자주 먹게 되니 나도 좋은걸."

수철이가 초콜릿을 세 토막으로 '톡톡' 쪼갰다. 제일 큰 걸 골라 주머니에 숨겼다.

"누나는 뭘 해?"

수철이가 빼꼼히 움막 안을 들여다보았다. 순이 누나는 끄먹끄먹한 등잔불 아래서 책을 읽고 있었다. 순이 누나가 활짝 웃으며 수철이를 반겼다.

"이거……."

수철이가 수줍어하며 초콜릿과 껌을 주머니에서 꺼냈다.

"난 괜찮아. 저번에도 얻어먹었는데, 너 먹어."

"저는 자주 먹는 걸요. 누나가 많이 먹어야 해요."

수철이는 누나가 자꾸 거절하자 손에다 올려 주었다. 수철이의 얼굴이 약간 붉어졌다. 그때 말방울 소리가 들렸다. 뒤를 돌아보니 상목이가 제 몫의 초콜릿을 태양이에게 먹이고 있었다.

"귀한 걸 주면 어떡해! 넌, 태양이를 지나치게 좋아하는구나."

수철이가 소리치면서 핀잔을 주었다. 그때 태양이가 수철이에게 치렁치렁한 꼬리를 '휘휘' 내둘렀다.

"어쭈, 제 주인 편드는 것 좀 봐. 에잇! 나는 갈래."

태양이 때문에 토라진 수철이가 화를 내며 집 밖으로 나가버렸다.

"수철아!"

순이 누나가 '풋' 웃으며 어서 오라는 손짓을 했다. 수철이는 못 이기는 척 다시 집으로 들어왔다. 셋은 좁은 방에서 반찬은 달랑 하나뿐이었지만 오순도순 맛있게 저녁밥을 먹었다.

"누나!"

문턱에 앉아 해바라기를 하던 순이 누나가 서너 번 콜록거리더니 피를 흘렸다. 상목이를 기다리던 수철이는 깜짝 놀라 소리쳤다.

"괜찮……."

순이 누나는 괜찮다고 손짓했지만, 입에서 피가 계속 나왔다. 순이 누나는 치맛자락으로 입가를 닦더니 걱정하지 말라며 방으로 들어갔다. 마침 말방울 소리가 요란스럽게 울렸다. 수철이는 얼른 마구간으로 들어갔다.

"상목아! 누나가 많이 아픈가 봐. 입에서 피가……."

"어, 정말? 무슨 일이야?"

상목이는 누나가 피를 흘렸다는 말에 덜컥 겁이 났다. 누나마저 어떻게 될까 봐 눈앞이 깜깜하고 다리가 후들후들 떨렸다.

"내 생각에는 순이 누나 몸이 약해져서 입에서 피가 나온 것 같아. 예전에 그런 사람을 본 적이 있어."

"맞아. 나도 기억나. 가끔 누나한테 고기반찬이라도 먹여야 할 텐데……."

"나도 부대에서 고기반찬이 나오면 챙겨올게."

"수철아! 고마워! 나중에 다 갚을 게."

상목이는 수철이를 보낸 뒤 마구간에서 나왔다. 그때 태양이가 자꾸 발굽으로 땅바닥을 쿵쿵거렸다. 태양이 저도 누나를 돕겠다는 뜻이었다. 상목이는 마구간으로 다시 들어가서 태양이 머리를 끌어안았다. 그 순간 태양이 눈동자에 아버지 얼굴이 담겨 있는 걸 느꼈다. 갑자기 아버지가 보고 싶어서 울컥 눈물이 쏟아졌다.

"히히힝"

태양이도 상목이가 우는 걸 아는지 따라 울었다.

"배고프지?"

상목이가 주머니에 넣어둔 홍당무를 태양이 입에 넣어 주었다. 에릭 상사님이 맡긴 짐을 무사히 배달하고 나니 점심때가 한참 지나버렸다. 배에서 '꼬르륵' 소리가 났다. 홍당무를 덥석 받아먹던 태양이가 슬그머니 내뱉었다.

"난 괜찮아. 너 먹어."

상목이도 집으로 가서 밥을 먹으려고 부지런히 짐수레를 몰았다. 거리에 하굣길의 학생들이 하나, 둘 보였다. 상목이는 얼른 돈을 벌어 6학년 공부를 마저 끝내고, 누나 목발도 사고 싶었다.

상목이가 고갯마루에 겨우 오르니 온몸에 땀이 비 오듯이 줄줄 흘렀다. 태양이는 지치지도 않고 산에서 바람이 불자 늠름한 표정으로 갈기를 힘차게 골랐다. 상목이 저도 한 뼘만큼만 더 자라면 태양이와 나란히 걸을 수 있으니 생각만 해도 기뻤다. 집에 도착하니 수철이가 기다리고 있었다.

"사실은 말이야……."

수철이가 한참 동안 머뭇거리더니 에릭 상사님이 한 말을 상목이에게 전해주었다.

"우리 태양이를 사겠다고?"

상목이는 뜻밖의 이야기에 눈이 둥그레졌다.

"에릭 상사님 부대가 곧 산악지방으로 떠나는데 태양이를 데리고 가고 싶데."

상목이는 어림도 없다고 소리치고 싶었다. 하지만 그동안 수철이와 에릭 상사님이 베풀어 준 은혜를 생각하니 함부로 말할 수 없었다.

"난 부지런히 일해서 우리 누나 목발을 꼭 사야 해. 누나도 태양이를 얼마나 사랑하는데……."

"안 된다고만 말하지 말고 잘 생각해 봐. 에릭 상사님은 좋은 분이니 넉넉하게 값을 치러줄 거야. 태양이가 포탄을 실어 나르는 일은 위험하지만, 그 일 또한 대단한 일이잖아."

"히히힝."

태양이는 제 이야기를 하는 줄 알고 고개를 떨어뜨린 채 울었다. 굵은 눈물이 태양이 발등으로 '뚝' 떨어졌다.

태양이는 몸통은 암갈색이지만 정수리에서 코까지, 정강이뼈부터 발굽까지가 모두 눈부시게 하얀 암말이었다. 요즘 들어 앞가슴도 넓어지고 붉은빛이 도는 갈기에 윤기마저 자르르 흘러 더욱 믿음직스러웠다.

"상목아, 좋은 소식이 있어."

수철이가 얼른 처마 밑으로 들어와 비를 피했다.

"난 비가 와서 공치는 바람에 기분이 별로인데, 넌 뭐가 그리도 좋아."

상목이가 퉁명스럽게 말했다.

"순이 누나는 뭘 해?"

"응. 비가 오니 다리가 매우 아픈 모양이야. 약을 먹더니 곧 잠들었어."

"그래."

수철이는 순이 누나가 안쓰러워 안타까운 표정을 지었다.

"상목아! 혹시 의족이 뭔 줄 아니?"

"의족이 뭔데?"

"에릭 상사님한테 목발을 얼마면 살 수 있느냐고 여쭈었더니, 목발보다 훨씬 좋은 의족이 있다는 거야. 사람 다리와 똑같게 만들기 때문에 아주 비싸대."

상목이는 귀가 번쩍 띄었다가, 아주 비싸다는 말에 힘이 쏙 빠져버렸다.

"에릭 상사님이 태양이를 자기한테 팔면 250달러를 주겠데. 그 돈이면 의족도 사고 너랑 누나까지 학교에 다닐 수 있는 돈이야. 아버지 생사도 알 수 없는데, 네가 언제 그만한 돈을 벌어 순이 누나한테 의족을 사주겠니?"

"쉿, 조용히 해. 누나가 깨면 어찌하려고……."

상목이는 행여 누나가 들을까 봐 수철이를 마구간으로 데리고 왔다.

"며칠 전에 누나가 '아버지 만날 때까지 태양이를 잘 데리고 있어야 한다.'고 말하길래 내 가슴이 뜨끔했어."

"만약에 아버지가 알게 되더라도 '잘했다'고 칭찬할 거야. 안 그래?"

"네 말대로 에릭 상사님한테 보내는 게 나을지도 모르겠지만, 태양이를 보내 놓고 내가 어떻게 살아."

"네 마음은 잘 알겠지만……."

수철이가 무거운 발걸음으로 돌아가자 상목이는 어떻게 해야 좋을지 알 수가 없었다. 여태껏 단 하루도 떨어진 적이 없는 태양이를 보내려니 선뜻 용기가 생기지 않았다. 상목이는 어두운 표정으로 마구간을 왔다갔다하며 서성거렸다.

그때 태양이가 상목이에게 마지막 인사라도 하려는 듯이 앞발을 치켜들고 큰소리로 울부짖었다. 깜짝 놀란 상목이가 태양이를 다독거리며 안아주었다. 그때 어찌 된 셈인지 말굴레가 스르르 풀려 태양이가 마구간을 뛰쳐나가고 말았다.

"히히힝."

상목이가 붙들 겨를도 없이 태양이는 쏜살같이 연못골로 달렸다. 연못골에는 에릭 상사님이 근무하는 외국 병사 부대가 있었다.

"태양아, 미안해!"

상목이 두 눈에서 눈물이 비처럼 주룩주룩 흘렀다.

"무슨 일이야?"

태양이 우는 소리에 잠이 깬 순이 누나가 지팡이를 짚고 밖으로 나왔다. 순이 누나가 마구간을 들여다보았다.

"아니, 태양이는 어디 갔어?"

순이 누나 말에 상목이는 엉엉 울기만 했다. 그제야 태양이가 없어진 걸 알게 된 누나는 지팡이를 짚고 힘겹게 태양이를 뒤쫓아갔다. 하지만 두어 걸음도 못 가고 빗물로 흥건한 땅바닥에 쓰러지고 말았다.

어두운 밤, 드넓은 초원에 있는 마구간 불이 켜져 있었다. 두세 명의 사람이 쓰러져 있는 늙은 암갈색 말을 안쓰럽게 지켜보며 조용히 잠들기를 기다리고 있었다. 말은 점점 거칠게 숨을 몰아쉬었다.

"썬! 너무 아파하지 마라."

늙은 군인이 말의 잔등을 쓸어 주었다. 늙은 군인은 누워 있는 말과 십여 년을 함께한 에릭 상사님이었다. 에릭 상사님은 '썬'과 함께 보낸 나날을 돌아보면서 마지막을 지켜보았다.

"썬! 오랫동안 함께 했지만 너에게 해준 게 별로 없구나. 그래서 마지막 선물로 네가 가장 보고 싶은 사람을 데리고 왔단다."

에릭 상사님이 누구를 부르자, 마구간으로 젊은 남녀가 들어왔다. 여자는 어딘지 모르게 걸음이 부자연스러웠다.

"태양아! 우리야. 기억나니?"

에릭 상사님의 연락을 받고 급하게 비행기를 타고 온 사람은 상목이었다. 어른이 된 상목이는 태양이를 단번에 알아보고 하염없이 눈물을 흘렸다. 순이 누나도 힘없이 누워 있는 태양이를 끌어안고 울었다. 그러자 반쯤 눈을 감고 있던 태양이가 눈을 떴다.

"태양이 너를 떠나보내 정말 미안하고 슬펐어. 네가 준 선물로 누나는 의족을 달았고, 병도 다 고쳐 이제는 건강해. 나도 열심히 공부하여 잘살고 있어. 하지만 우리가 헤어지지 않고 함께 살았더라면 더 행복했을 거라는 생각은 변함이 없어……."

상목이가 말끝을 흐리자 태양이는 힘껏 '히히힝' 길게 울더니 좋은 꿈을 꾸듯이 스르르 눈을 감았다.

"태양아! 미안해, 그리고 고마워."

하쿠나 마타타

김현정
hjkim0000@hanmail.net

"친구 생일이란 말이에요. 적어도 만원은 있어야 되요!"

"얘가 무슨 말을 하는 거야. 친구 생일 선물 사는데 무슨 만원씩이나 필요해? 너희는 겨우 6학년이야."

"다른 아이들은 나보다 더 비싼 선물 사온단 말이에요."

"선재야, 선물은 마음의 징표야. 그리고 너흰 아직……."

난 엄마가 무슨 말을 하려는지 다 안다. 그래서 귀를 막고 소리쳤다.

"아이들은 문구점에서 파는 싸구려 필통이나 문구류 같은 건 쳐다보지도 않아요."

엄마는 기가 막힌다는 표정으로 천장을 보며 숨을 골랐다. 잠시 뜸을 들이며 나를 보더니 만원을 내밀었다. 나는 엄마 손에서 빼앗듯이 만원을 낚아채곤 집 밖으로 나왔다.

아파트 복도에서 엘리베이터를 기다렸다.

—땡

군데군데 녹슨 엘리베이터 문이 삐걱거리며 힘겹게 열리자 낯선 할아버지가 보였다. 못 본 척 고개를 푹 숙이고 신경질적으로 '1층' 버튼을 눌러댔다.

"화났구먼? 허긴 요즘엔 아그들도 스트레스가 많은게롱."

할아버지가 장난스럽게 말을 붙였다.

힐끗 돌아봤다. 낡고 때가 꼬질꼬질한 점퍼가 눈 안에 쏙 들어왔다.

'치, 날 언제 봤다고 아는 척이야? 비렁뱅이 주제에!'

나는 할아버지 옷차림을 아래위로 훑어보며 속으로 콧방귀를 꼈다.

"내가 어딜 봐서 비렁뱅이고?"

등 뒤에서 할아버지의 굵은 목소리가 쩌렁쩌렁 울렸다.

'뭐야, 독심술이라도 배웠나?'

등줄기에서 오싹한 느낌이 나면서 머리카락이 쭈뼛 섰다. 할아버지와 눈이 마주쳤다. 덥수룩한 눈썹 밑으로 보이는 할아버지의 부리부리한 눈에서 빛이 나는 것 같았다.

그때였다. 갑자기 엘리베이터가 멈췄다. 비상벨을 눌렀다. 그런데 아무런 반응이 없었다. 전에도 이런 일이 있었다. 주머니를 뒤적거렸다. 휴대폰 생각이 났기 때문이다. 그런데, 없다. 손에 쥐어지는 것은 만원이 전부였다. 순간 어깨에 힘이 쭉 빠졌다. 도대체 이 돈으로 뭘 살 수 있을까 하는 생각이 들자, 다시 짜증이 났다. 가난하다는 것은 이런 걸까?

'지긋지긋해! 이대로 땅속으로 꺼져버렸으면 좋겠어!'

화나는 마음이 꼬리에 꼬리를 물고 마음속을 마구 휘저었다. 나도 모르게 발로 엘리베이터 문을 차버렸다. 그러자 쾅하는 굉음이 소용돌이 쳤다.

"좋데이. 이번 참에 내가 니 소원 한 번 들어주꾸마!"

"뭐라는 거야?" 라며 뒤를 돌아본 순간 엘리베이터가 요란한 소리를 내며 덜커덩거렸다. 나는 마치 출발선에 서 있는 경주

용 자동차에 타고 있는 듯한 느낌이 들었다. 슬그머니 엘리베이터 난간을 움켜잡았다. 그러자 엘리베이터는 기다렸다는 듯 쏜살같이 내려가기 시작했다. 마치 롤러코스를 타고 아래로 곤두박질치는 것 같았다. 점점 더 빨라지는 속도에 나는 아예 바닥에 엎드려 소리쳤다.

"살려 주세요!"

누군가 내 몸을 마구 흔들어대며 정신 차리고 일어나라고 소리쳤다.

힘겹게 눈을 뜨자 뜨거운 햇살이 내 눈으로 쏟아져 내려왔다. 순간 살았다 싶었다. 그때 갑자기 귀를 찢는 듯한 소리가 들렸다. 코끼리였다. 코끼리는 코를 높이 치켜들면서 나를 향해 입이 찢어져라 소리를 질러댔다. 너무 놀라 할아버지 옆에 바짝 붙었다.

"여기가 어디예요?"

나는 코끼리에게서 눈을 떼지 못한 채 벌벌 떨며 물었다.

코끼리는 코를 빙글빙글 돌리더니 굵은 나뭇가지 하나를 잔가지라도 되는 양 힘들이지 않고 뚝 부러뜨렸다. 그런 다음 잎사귀들을 입안으로 쑤셔 넣었다. 잎사귀들을 질겅질겅 씹으면서 움푹 들어간 눈으로 나를 쳐다보았지만 더는 소리치지는 않았다.

"아프리카!"

할아버지는 짧게 대답하더니 일어나 걷기 시작했다. 한참을 할아버지를 따라 무작정 걸었다. 걷는 내내 불평하고 성을 내어도 할아버지는 아무런 대꾸를 하지 않았다. 뜨겁게 내리쬐는 태양 아래를 걸으면서 불길한 상상이 머릿속을 떠나지 않았다. 방금 전에 봤던 코끼리가 달려와 긴 코로 나를 감아올려 입안으로 쏙 넣어 버릴까봐 무서웠다. 생각을 멈추려고 머리를 흔들었다. 그러자 이번에는 덤불 숲 어딘가에 아프리카 부족이 숨어서 우리를 지켜보고 있을지도 모른다는 생각이 들었다. 혹시 식인종이라도 만난다면 꼼짝없이 통구이가 되겠지. 내 발걸음이 저절로 빨라져 할아버지 뒤를 바짝 쫓아갔다.

그때였다. 흑인 소년이 보였다. 짧은 곱슬머리에 밝은 주황색 스카프를 몸에 두르고 있었다. 소년은 손에 든 작대기로 염소를 이리저리 몰면서 알아들을 수 없는 말을 웅얼거리고 있었다.

–하쿠나 마타타, 하쿠나 마타타, 하쿠나 마타타–

"아그야, 우린 한국에서 왔다. 니가 마을로 가는 길을 좀 갤켜 줄래?"

할아버지가 소년에게 말을 걸었다

나는 무엇인가에 홀린 듯 소년과 할아버지를 번갈아 쳐다봤다.

"지금 마을로 가고 있으니까 저를 따라오세요."

소년이 환하게 웃으며 말했다.

난 내 손등을 살짝 꼬집어봤다. 아팠다. 저 소년이 어떻게 한국말을 알아들을 수 있는지 이해가 되질 않았다.

할아버지가 소년에게 이름을 묻자 소년은 "카일"이라고 대답했다. 그러자 할아버지가 내 등을 툭툭 치며 고갯짓을 했다. 내 소개를 하라는 것이었다.

"선재, 유선재."

얼떨결에 내 이름을 말했다.

카일은 허연 이를 드러내 보이며 씩 웃었다.

주먹으로 다리를 두드리며 카일을 따라 한참을 걸었다. 드디어 마을 입구에 들어섰다. 금방이라도 허물어질 것 같은 오두막 몇 채가 보였다. 오두막 주위로 듬성듬성 물웅덩이가 고여 있었다. 그곳에서 꼬맹이들이 누런 흙탕물을 서로에게 튀기며 장난을 치고 있었다. 긴장감이 풀려서일까? 갑자기 목이 바짝 타들어왔다.

"물 좀 마실 수 있을까?"

내가 바짝 마른 입술을 핥으며 말했다.

"그래. 염소들을 우리에 넣고 가져다줄게."

조금 있으니, 카일이 조심스레 들고 온 물을 나에게 내밀었다. 나는 얼른 마시지 못했다. 물에 이상한 것들이 잔뜩 떠 있어서 더러워 보였기 때문이다.

"괜찮아. 그래도 이 물은 받아놓은 지 얼마 안 됐어. 그저께 비가 왔거든."

카일이 통통한 입술에 미소를 걸며 말했다.

나는 무슨 말인가 싶어서 멀뚱히 카일을 쳐다봤다.

"이놈아! 여긴 수돗물 같은 건 없데이. 빗물을 받아놓았다가 이렇게 마시는 거 아이가. 안 마실 거면 이리 도!"

할아버지가 대접에 손을 뻗자, 나는 재빨리 눈을 감고 꿀꺽꿀꺽 마셨다. 우리 집 냉장고 속 시원한 물이라고 상상하면서.

"고마워!"

손등으로 입 언저리를 닦으며 카일에게 말했다. 그러자 카일은 한층 명랑해진 목소리로 말했다.

"우리 학교 구경시켜 줄까?"

내가 선뜻 대답을 못하자 할아버지가 "그라면 좋체." 했다.

카일을 따라 학교로 걸어가면서 카일의 굳은살이 박인 맨발이 자꾸만 눈에 들어왔다. 그때 카일이 손가락으로 앞쪽을 가리키며 소리쳤다.

"바로 저기야!"

학교 건물은 긴 사각형 모양의 건물 두 동이 전부였다 내가 다니는 학교와는 많이 달랐다. 운동장 한편에서는 남자아이들이 땀에 흠뻑 젖어 낡은 축구공을 쫓아 이리저리 달리고 있었다. 아이들한테서 이글거리는 태양의 열기만큼이나 뜨거운 축구 열기가 느껴졌다. 우리는 카일 옆에 서서 구경했다. 그때 축구를 하던 아이 하나가 카일을 보고 알은척을 했다. 카일은 아이를 향해 손을 흔들어 인사를 했다.

"카일!, 너 잘 왔다. 숨 차 죽는 줄 알았다. 나대신 잠깐만 뛰어 줘."

아이는 자신의 신발을 벗어 카일에게 던졌다.

카일은 익숙한 동작으로 신발을 받아 신으며 나에게 물었다.

"너, 축구 할 줄 알아?"

내가 고개를 끄덕이자 카일은 나를 상대편 아이들 쪽으로 밀며 말했다.

"얘는 너희 편이다!"

아이들은 잠깐 어리둥절한 표정을 지었지만 이내 공을 따라 이리저리 달리기 시작했다. 특별한 규칙이 있지는 않았다. 그냥 아이들이 편을 나누어 상대편 골대에 공을 넣고는 환호성을 질렀다. 아이들과 함께 낡은 축구공을 쫓아 달렸다. 온몸이 땀으로 뒤범벅이 되었지만 몸은 점점 더 가벼워지는 것 같았다.

오후 수업 시작 종소리와 함께 축구도 끝났다. 나는 숨을 헐떡거리며 할아버지 옆에 앉았다. 아이들도 하나 둘 교실로 들어갔다. 카일은 교실로 돌아가는 친구에게 소리쳤다.

"신발 고마웠어!"

친구는 손사래를 치며 교실로 뛰어갔다.

카일은 다시 맨발로 돌아왔다. 내 발이 돌부리에 채여 아픈 것처럼 마음이 아팠다. 흘깃 카일을 봤다. 카일의 까만 눈동자가 왠지 촉촉하게 보였다. 갑자기 카일이 맨발을 까딱거리며 노래를 부르기 시작했다.

–하쿠나 마타타, 하쿠나 마타타, 하쿠나 마타타–

"그게 무슨 뜻이야?"

그러자 카일이 히죽 웃으며 말했다.

" '걱정하지 마. 다 잘 될 거야!' 라는 뜻이야. 이렇게 중얼거리면 내가 원하는 모든 일이 다 이루어질 것 같아."

내가 가만히 고개를 끄덕이자 카일이 읊조리듯 말했다.

"언젠가는 다시 학교에 다니게 될 거야. 나도 작년까진 이 학교 학생이었거든."

가슴이 먹먹해져 나는 아무런 대답을 못했다.

"하쿠나 마, 뭐라캤노? 다시 한 번 말해 보래이."

할아버지가 카일의 말을 못 알아듣고 다시 물었다. 카일과 나는 서로를 쳐다보며 활짝 웃었다.

"하 쿠 나 마 타 타."

카일이 또박또박 다시 말했다. 그제야 할아버지도 알았다는 듯 고개를 끄덕였다.

"그럼 전 이제 마을로 돌아가야 할 것 같아요."

카일이 엉덩이에 묻은 먼지를 툴툴 털며 말했다. 할아버지는 입술을 다물고 뭔가를 생각하는 표정을 지었다. 그러더니 이내 밝게 미소 지으며 말했다.

"하쿠나 마타타! 네 소원대로 될 거여!"

나는 새삼 할아버지의 사투리가 웃겨서 피식 웃다가 문득 만 원이 생각났다. 아무렇게나 꾸겨진 만원을 쫙쫙 펴서 카일에게 내밀었다.

"이게 뭐야?"

"한국에서 쓰는 돈이야. 네 덕분에 학교 구경도 했고 네 친구들과 축구도 할 수 있었잖아. 고맙다는 의미로 나도 너에게 뭔가 주고 싶은데, 이것 밖에 없어."

카일이 할아버지 얼굴을 쳐다봤다. 할아버지는 덥수룩한 눈썹을 씰룩거리며 따스하게 웃었다.

"사실, 내가 더 고마워. 학교에 오고 싶어도 핑계거리가 없었거든. 오늘은 할아버지와 네 덕분에 예전처럼 친구들과 축구도 하고 즐거웠어."

카일이 머리를 긁적이며 말했다.

카일이 마을로 돌아가자 할아버지는 나무 그늘 밑 바위를 등지고 눈을 감았다.

"아이쿠, 너무 졸립데이. 낮잠 좀 자고 가재이."

"또 어디로 가는데요? 집에 가고 싶어요."

나는 할아버지 팔을 잡고 애원했다.

"한숨 자둬! 네 소원도 모두 이루어질 거야."

나는 할아버지에게 그게 무슨 뜻이냐고 따졌다. 하지만 할아버지는 다리를 쭉 뻗고 코까지 골기 시작했다. 하는 수 없이 할아버지 옆에 바투 다가앉아 하늘을 올려다보았다. 하얀 뭉게구름이 바람에 밀려 사방으로 흩어졌다. 그 사이로 축구화를 손에 쥐고 환하게 웃는 카일의 얼굴이 보이는 듯 했다.

오늘의 인물

신양진
sygene76@empal.com

"건우 이야기를 쓰고 싶습니다."

은성이가 내 기사를 쓰겠다고 말했어.

깜짝 놀랐지. 학급신문 '오늘의 인물'에 내 얘기를 쓰겠다니 말이야.

더 당황스러웠던 건 선생님 반응이었어.

"재밌겠는걸. 그럼 한번 써 봐."

사실 내 입으로 말하긴 쑥스럽지만, 난 반장에다 착하다는 얘기도 많이 듣는 편이야.

–김건우, 모범이 되다

–우리는 김건우를 좋아해!

어떤 제목이 붙을까? 생각만 해도 어깨가 으쓱했어. 신문에 넣을 사진은 어떻게 하지? 집에서 잘 나온 걸로 가지고 올까, 아니면 다시 멋있게 찍어 달라 할까? 고민에 빠졌어.

하지만 말이야. 문제는 그게 아니었어. 어느 날 아무 생각 없이 코를 후비고 있는데 은성이가 나를 보고 있더라고. 다른 때 같으면 '뭘 봐' 하고 그냥 넘겼을 텐데, 그날은 이상하게 얼굴이 화끈거리는 거 있지. 그때부터 일 거야. 신경이 쓰이기 시작한 게.

쉬는 시간이었어. 갑자기 배가 아프더라고. 엉거주춤 걸음으로 겨우 화장실에 도착했어.

"휴, 이제야 살 것 같네."

일을 마치고 일어설 때였어.

"형주야, 건우 어때?"

밖에서 낯익은 목소리가 들리는 거야. 은성이었어.

형주? 얼마 전 나랑 싸운 이형주? 아니, 나랑 친한 애들도 많은데, 하필 이형주야. 몸을 앞으로 숙이고 귀를 기울였지. 혹시 소리가 새어 나갈까, 숨을 죽이고 말이야. 형주 녀석 평소엔 그렇게 목소리가 크더니, 뭐라고 속닥거리는지 잘 들리지 않는 거야.

볼일이 끝났지만, 밖으로 나갈 수가 없었어. 뒤가 찝찝하게 남아 있는 것 같았거든. 형주가 뭐라고 했을까? 사나이답게 화해해 놓고 내 욕을 한 건 아니겠지?

다음날, 길거리에서 떡볶이를 먹고 있었어. 그때 형주가 옆에 와서 튀김을 시키더라고. 순간 화장실에서 있었던 일을 알은체해야 하나 말아야 하나 고민에 빠졌어. 녀석은 괜히 얄미워. 난 녀석의 튀김을 이쑤시개로 쿡 찍어 입에 넣었어.

"야, 김건우!"

형주가 소리를 지르더군. 그런데 갑자기 서늘한 느낌이 드는 거야. 이 느낌은 형주 때문이 아니었어.

최. 은. 성.

은성이가 점점 가까워지고 있었어. 난 아무 일도 없었던 것처럼 떡볶이를 입에 넣었지.

"김건우! 왜 내 튀김 먹냐고?"

형주가 날 매섭게 째려봤어. 그때였어.

"떡볶이 맛있어?"

은성이었어. 언제 왔는지 녀석 옆에 우리 반 아이들이 다섯 명이나 있더라고. 그런데 내가 뭐라고 했는지 알아? 왜 그런 생각이 들었는지 지금은 후회가 되지만, 이상하게 그땐 그래야 한다는 생각이 들었어.

"너희 떡볶이 내가 살게. 맘껏 먹어."

형주 튀김에 아이들 떡볶이 값까지 다 내고 나니 한 달 용돈이 모두 바닥이 나 버렸지.

그땐 내가 뭐라도 된 것 같고 대단하게 느껴졌는데, 텅 빈 지갑을 보니 바로 기운이 쭉 빠지더라고. 당분간 떡볶이집 근처에는 얼씬도 하지 않을 거야.

"아, 내가 왜 그랬지?"

후회를 하며 집으로 가는데, 할머니 한 분이 무거운 짐을 들고 비틀거리며 걷고 있었어.

"할머니, 제가 도와 드릴게요."

얼른 짐을 들어 드리고 할머니를 부축했지.

난 할머니가 좋아. 우리 할머닌 돌아가시고 안 계시지만, 지금도 할머니 냄새를 잊을 수가 없어. 우리 할머니한테선 좋은 냄새가 났었거든.

"김건우, 정말 착한데."

은성이었어. 도대체 녀석은 어디 숨어있다 불쑥불쑥 나타나는지. 설마 나만 쫓아 다니고 있는 건 아니겠지?

그런데 말이야. 녀석이 내가 착한 일 하는 걸 봤다는 게 순간 다행이란 생각이 들더라고. 누구에게 보이려고 한 행동은 아닌데 말이지. 꼭 숙제를 해낸 것 같은 느낌이랄까?

그날 이후, 선생님께 칭찬을 받거나 어깨가 으쓱해 질만한 일이 생기면 나도 모르게 주위를 두리번거리는 버릇이 생겼어. 은성이가 있으면 좋았고, 은성이가 없으면 서운했지. 그리고 어느 순간부턴 내가 은성이를 쫓아다니고 있더라고. 은성이 앞에선 말도 많아지고 너그러운 사람처럼 굴게 되었어.

"난 커서 세상에 꼭 필요한 사람이 될 거야. 어려운 사람들도 많이 도와주고……."

가끔은 말을 하다가 '내가 이렇게 착했나?' 하고 헛갈릴 때도 있었어.

드디어 중간 점검 날이야. 그런데 형주 녀석, 신문에 넣을 밑그림도 완성하지 못했더라고. 자기가 그리겠다고 해 놓고 말이지.

"야, 이게 뭐야? 언제 다 그리려고?"

난 소리를 질렀어. 중간 점검까지는 어느 정도 완성이 되어야 발행일을 맞출 수가 있거든.

그런데 녀석 대답이 말이야.

"원래 그림이라는 게 뚝딱하고 그려지는 게 아니야. 그림에 대한 깊은 통찰과……."

어디서 들은 얘기는 있어서 어른들 흉내를 내며 대답을 하는 거 있지. 아무튼 내가 반장이잖아. 선생님께 나도 혼날 수 있어.

"넌 제대로 하는 게 뭐냐? 지난번에도……."

"야, 김건우! 왜 또 시비야. 네가 선생님이야?"

형주는 내 잔소리가 듣기 싫은지 얼굴을 구기며 그림을 집어 들더라고. 바로 그때 은성이가 들어왔어. 기사가 거의 완성이 되었나봐. 은성이가 환하게 웃으며 날 쳐다봤어. 형주는 계속 씩씩거리며 날 째려보고 있었지만 나도 마음을 가라앉히고 은성이를 보고 환하게 웃어주었지.

나에 대해 어떻게 썼을까? 떡볶이도 얻어먹었고, 착한 일 하는 것도 많이 봤고, 그 동안 나랑 보낸 시간이 얼만데, 분명 날 대단한 아이라고 썼을 거야.

"다들 자기 파트 해 왔지?"

선생님이 들어 와 물었어.

"은성아, 기사 쓴 것 좀 볼까?"

선생님이 은성이에게 손을 내밀었어.

드디어 내 기사를 보게 되는구나, 살짝 떨렸지.

"선생님, 그게……."

그런데 녀석 우물쭈물 거리는 게 뭔가 이상한 거야.

"기자가 멋있어 보여서 하겠다고 한 건데, 글 쓰는 게 생각처럼 쉽지 않더라고요. 선생님, 저 못하겠어요."

뭐? 녀석 눈치 보느라 코도 마음대로 못 후비고, 내 한 달 용돈까지 다 날리고, 애들한테도 잘 보이려고 얼마나 노력을 했는데, 이제 와 못하겠다고? 순간 울컥했지. 지금까지 보낸 시간이 한꺼번에 '펑' 하고 사라지는 느낌이었어.

그런데 희한한 게 뭔 줄 알아? 화도 나고 섭섭한 마음이 들긴 하는데 이상하게 짐을 내려놓은 것처럼 마음이 가벼운 거야. 마음속에 뭔가 박혀 있다 '쑥' 하고 뽑혀 나간 기분이랄까.

며칠 후, 학급신문이 발행되었어.

"이형주, 제법인데?"

학급 신문에 실린 형주 그림을 보고 다들 놀라 입을 다물지 못했어. 형주 말대로 깊은 통찰과 뭐 그런 게 녀석에겐 진짜로 있나 봐.

"신문에 못 실려서 어떡하냐?"

형주가 물었어. 난 대답 대신 조용히 웃어주었지. 아이들이 신문을 넘기는 소리가 교실 안을 한가득 채우고 있었어.

고마운 거짓말

이영아
yalee7208@hanmail.net

"이거 어제 백화점에서 샀다."

도희가 유명 상표가 새겨져 있는 신발을 내밀었다.

"그거 걸 그룹 <빙빙>이 광고하는 거 맞지? 예쁘다."

희경이와 유나가 부러운 듯 말했다.

셋이 뭉쳤다 하면 늘 이런 이야기를 주고받았다. 옷이나 연예인 아니면 다른 애들 욕하는 거. 나는 안 들리는 척 책을 보고 있었지만 글이 눈에 들어오지 않았다. 그때 앞자리에 앉아있던 보은이가 가방에서 슈크림 빵 하나를 슬그머니 꺼냈다. 자라목으로 주위를 살피는가 싶더니 재빨리 빵을 입에 집어넣었다.

"야! 뚱! 너 또 먹냐?"

언제 봤는지 도희가 큰 소리로 말했다.

"점심 먹고 바로 그게 들어가니?"

"그러니깐 그렇게 뒤룩뒤룩 살이 찌지."

"넌 이 늘어진 뱃살이 한심스럽지도 않니?"

셋이서 보은이 뱃살을 꼬집어 가며 비웃었다. 보은이는 입가에 어색한 웃음을 띠고 어쩔 줄 몰라 했다.

"너희 셋! 시끄럽거든. 그리고 보은이 뱃살보다 너희가 더 한심해 보이는 건 모르나보지?"

보다 못한 내가 독사처럼 쏘아붙였다.

"공부 잘한다고 잘난 체하는 거야 뭐야?"

"정 민서, 재 정말 재수 없다니까."

셋은 나를 흘겨보며 복도로 나갔다. 나는 평소대로 무시해버렸다.

수업이 끝나고 가방을 챙기고 있었다.

"아까는 고마웠어."

보은이가 쿠키 하나를 내밀었다. 보름달처럼 노르스름한 것이 초콜릿과 건포도가 촘촘히 박혀있었다.

"고마워할 필요 없어. 난 그냥 내가 하고 싶은 말을 한 것뿐이니까."

도희가 곁눈으로 날 보고 있었다.

"그리고 이건 사양할게. 우리 엄마 취미가 쿠키랑 빵 만드는 거라서 질릴 지경이거든."

나는 도희에게 들리게끔 큰 목소리로 말했다. 도희는 나와 눈이 마주치자 입술을 삐죽거리며 고개를 돌렸다.

'엄마 취미가 쿠키랑 빵 만드는 거라고?'

내가 말해놓고도 헛웃음이 나왔다. 다 거짓말이다. 우리 집엔 빵 굽는 오븐이 없다. 그리고 엄마도 없다.

2년 전 내가 2학년 때 일이다. 아빠는 트럭에 과일을 싣고 다니며 팔았다. 엄마와 아빠는 조그마한 과일 가게라도 여는 게 꿈이었다. 그런데 엄마가 그 돈을 몽땅 사기당한 것이다. 할머니는 땅을 치며 통곡했다. 엄마와 아빠도 싸우는 날이 많아졌다. 그러다 결국 엄마가 집을 나갔다.

그땐 참 많이 울었다. 할머니와 아빠도 미웠다. 언제부턴가 친구들도 멀리했다. 친하게 지내면 내 비밀도 다 들켜버릴 것 같았기 때문이다. 어느새 내 주위엔 친구 하나 남아 있지 않았다. 처음엔 서글펐지만 이제는 오히려 마음이 편하다.

사과를 베어 물었는데 벌레 반쪽만 봤을 때의 기분이다. 나머지 반쪽이 입안에 들어있는 것 같은 찜찜한 기분 말이다. 거짓말을 하고나면 그런 기분이 돼버린다. 도토리만한 돌멩이들을 툭툭 차며 운동장을 가로질러 갔다. 교문을 막 나왔을 때였다.

"민서야!"

낯익은 목소리에 고개를 들었다. 엄마가 물밀듯이 내려오는 아이들을 헤치고 내게로 다가왔다.

"우리 민서 고새 또 큰 것 같네."

내 볼을 어루만지는 엄마 눈 주위가 벌겋게 물들었다. 그때 누군가 나를 툭 치며 지나갔다. 하필 우리 반 셋이다.

도희는 수상한 눈으로 엄마와 나를 번갈아 뒤돌아보았다. 무슨 단서라도 찾는 형사 같은 눈초리였다. 셋은 귓속말로 수군거리더니 낄낄거리며 웃어댔다. 짜증이 밀려왔다. 입안에 있던 반토막이 된 벌레를 씹고 있는 것 같았다.

한적한 빵집에 들어서자마자 엄마에게 툭 내뱉었다.

"이제부터 학교 앞에서 기다리지 마. 애들이 이상하게 생각한단 말이야."

엄마는 섭섭함을 감추려는 듯 고개를 숙이고 가방을 뒤적거렸다.

"자, 너 이거 갖고 싶어 했지?"

엄마가 핸드폰을 내밀었다. 내 입이 저절로 벌어졌다.

"앞으로는 우리 이걸로 통화하자. 엄마도 마냥 교문 앞에서 안 기다려도 되고, 이제 우리 민서 목소리라도 맘껏 들을 수 있겠다."

환한 엄마의 웃음보다 진한 주름이 더 눈에 들어왔다. 오랜만에 본 엄마에게 괜한 심술을 부렸나보다.

엄마가 보고 싶을 때마다 핸드폰에 저장된 사진을 보았다. 엄마는 분명 웃고 있는데 내 눈에는 왠지 슬퍼보였다.

한 달이 지나고 또다시 엄마를 만나기로 한 날이 되었다. 온종일 시간이 달팽이처럼 느리게 갔다.

"무슨 책 보고 있어?"

보은이가 뒤돌아보며 물었다. 요즘 들어 부쩍 자주 말을 걸어왔다. 나랑 친하게 지내고 싶어 하는 거 같았다.

"선생님 들어오셨어. 앞으로 봐."

나는 눈도 마주치지 않고 읽던 책을 덮었다. 돌아앉는 보은이 어깨가 시들은 풀처럼 축 처졌다.

수업이 끝나고 시계를 봤다. 엄마가 바빠서 조금 늦게 약속시간을 잡았다. 도서관에서 책이나 보다 가려고 교실 문을 나왔을 때다.

"민서야, 우리 집에서 같이 숙제할래? 오늘 집에 아무도 없거든."

보은이가 급하게 뒤따라 나왔다. 손가락을 꼼지락거리며 내 눈치를 살폈다. 그런 보은이를 보자 나도 모르게 말이 튀어나왔다.

"한 시간 쯤은 괜찮을 거 같아."

곧바로 후회가 됐다. 창밖의 해님도 내 맘처럼 구름 속에 숨었다 나왔다 했다. 보은이 집은 아파트인데 꽤 넓었다. 보은이 집에 들어서자 주눅이 들었다.

'반지하인 우리 집을 보면 보은이는 뭐라고 할까? 역시 친한 친구는 될 수 없을 거야. 친구도 서로 비슷해야 사귀는 법이니까.'

나는 속으로 중얼거렸다. 어느새 한 시간이 훌쩍 지나갔다. 화장실을 다녀온 내가 방문을 열었다.

"민서야, 문자 왔던데……."

보은이가 내 눈을 피하며 핸드폰을 건넸다.

<민서야 오늘은 아무래도 못 만날 거 같구나. 억지로 시간을 내려고 했는데 그게 잘 안되었어. 하는 수 없이 다음 달에 봐야겠다. 할머니, 아빠 말 잘 듣고 공부 열심히 해. 엄마가 민서 많이 사랑한다.>

보은이가 이미 문자를 읽었다.

"왜 허락도 없이 남의 문자를 보고 그래?"

누군가에게 그렇게 큰 소리를 지른 건 처음이었다.

"미…미안해. 소리가 나서 나도 모르게……."

보은이가 고개를 떨어뜨렸다. 나는 뒤도 돌아보지 않고 보은이 집을 나왔다. 오락가락하던 햇살은 사라지고 시커먼 구름이 하늘을 뒤덮고 있었다.

'오늘을 얼마나 기다렸는데……. 한 달에 한 번도 힘든 거야? 그러면서 날 사랑한다고?'

실망스럽다 못해 화가 났다.

'보은이는 날 어떻게 생각할까?'

약속을 어긴 엄마가 원망스럽고 거짓말을 들켜버린 내가 부끄러워 미칠 지경이었다. 바람을 타고 굵은 빗방울들이 내 발 옆에 하나 둘 떨어졌다. 발걸음을 옮길 때마다 빗방울도 따라왔다. 빗방울들은 순식간에 빗줄기로 바뀌어 쏴아 하고 쏟아졌다. 뜨거운 눈물이 빗물과 함께 바닥으로 떨어졌다. 엄마도 아빠도 할머니도 모두 미웠다.

어제 내린 비로 바람이 더 차가워졌다. 교실에 들어섰지만 보은이쪽은 보지 않았다. 아니, 볼 수 없었다. 보은이도 뒤돌아보지 않았다. 앞자리에 앉은 희경이랑 이야기하고 있었다.

'혹시 내 얘길 하고 있나?'

불안한 마음이 파도처럼 일렁였다. 얼굴이 뜨거워지고 머리가 지끈거렸다. 아이들이 떠드는 소리가 벌떼처럼 머릿속을 웽웽거렸다. 모두 나를 보며 비웃는 것만 같았다. 머리가 돌덩이처럼 무거워서 자꾸만 고개가 밑으로 떨어졌다. 나는 그냥 책상 위에 엎드렸다.

결국 열이 많이 나서 조퇴를 했다. 어제 비를 많이 맞은 탓이었다. 어떻게 가방을 챙기고 집에 왔는지 기억도 가물가물했다.

이불을 펴고 누웠다. 몸이 둥둥 떠 있는 거 같았다. 구름 위를 달리는 거 같기도 했다. 끝도 없는 벌판을 계속 걷는 꿈을 꿨다.

거친 손이 내 이마에 와 닿았다. 손에서 담배냄새가 났다.

"아빠…언제 왔어?"

내가 일어나 앉으며 말했다. 목에서 쉰 소리가 났다. 아빠는 걱정스런 눈으로 나를 바라보았다. 할머니가 방문을 열자 찬바람이 먼저 나를 휘감았다. 몸이 으스스 떨렸다.

"이거 니 애미가 사 준 거재?"

할머니가 핸드폰을 내밀었다. 깜빡하고 전원을 끄지 않은 게 생각났다.

"아까 니 애미한테 전화왔드라. 가끔씩 니 얼굴보고 갔다 카든데. 와 지금까지 말 안 했노? 이 할매랑 아빠가 뭐라 할 줄 알았나?"

나는 고개를 푹 숙이고 이불만 만지작거렸다. 눈앞이 뿌옇게 흐려졌다.

"할머니, 엄마 지금 외할머니 집에 있대. 우리 예전처럼 다 같이 살면 안 돼? 엄마도 일하고 있으니까 아끼고 살면 돈은 또 모을 수 있는 거잖아. 응?"

눈물이 이불 위로 똑 떨어졌다.

"약 묵어라."

할머니가 물컵을 내려놓고 일어났다. 아빠도 담배를 꺼내 물고 밖으로 나갔다. 할머니도 아빠도 내 마음을 모르는 척했다. 자꾸 눈물만 났다.

학교로 향하는 발걸음이 무거웠다. 차가워진 바람이 내 옷 속을 비집고 들어왔다. 노란 은행잎들은 어디로 갈지 몰라 운동장 여기저기를 헤매고 있었다.

보은이와 말을 안 한 지 며칠이 지났다. 보은이가 내 소문을 퍼뜨릴까 봐 계속 마음이 쓰였다.

"야, 너희도 그 소문 알고 있어? 민서 부모님 이혼한 거."

교실 문을 열고 들어가려는데 도희 목소리가 들려왔다. 역시 올 게 온 것이다. 발걸음이 떨어지지가 않았다.

"정말이야? 어쩐지……. 2학년 때 같은 반이었는데 어느 순간부터 말이 없어지더라고. 표정도 변하고."

"민서 불쌍하다."

"너무 불쌍해서 도와주고 싶어도 옆에 갈 수가 있어야지. 찬바람이 쌩쌩 불어서 말이야. 찔러도 피 한 방울 안 나올 독종이라니까."

셋은 깔깔거리며 나를 껌 씹듯 씹었다. 불끈 쥔 주먹이 부르르 떨렸다.

'괜찮아. 못 들은 척 무시하면 되니깐. 지들이 뭐라고 하든 상관없어!'

하지만 맘과 달리 쉽사리 교실 문을 열 수가 없었다. 그냥 이대로 도망가고 싶었다. 그때였다.

"너희, 민서 집에 못 가봤지? 민서 아줌마가 만든 쿠키 진짜 맛있던데."

보은이 목소리였다.

"뚱! 너 확실히 봤어?"

도희의 당황한 목소리가 문밖까지 그대로 전해졌다.

"그러고 보니 저번에 교문 앞에서 봤었잖아. 민서 아줌마."

"아, 맞다. 우리 셋이 같이 봤잖아."

희경이와 유나도 핀잔을 주자 도희가 멋쩍은 듯 얼버무렸다.

"아님 말고."

코끝이 시큰했다. 나는 화장실로 뛰어갔다. 억지로 눈물을 참

았더니 코끝이 빨겠다. 보은이의 거짓말이 그렇게 고마울 수가 없었다. 거짓말쟁이의 친구다웠다. 나도 모르게 쿡 하고 웃음이 나왔다.

창문 틈으로 들어온 햇살이 내 어깨에 걸터 앉아있었다. '이제 괜찮아' 하며 나를 보듬어 주는 거 같았다. 어깨가 따뜻했다.

수업이 끝나고 나는 보은이의 어깨를 톡톡 쳤다. 그리고 수업 시간 내내 마음속으로 한 말을 내뱉었다.

"오늘 우리 집에 갈래?"

보은이가 활짝 웃으며 고개를 끄덕였다. 이제 나에게도 진짜 친구가 생길 것 같다. 보은이와 나는 손을 잡고 집으로 향했다.

집 앞 골목길을 돌 때였다. 급하게 나가는 할머니와 마주쳤다.

"우리 민서 인자 오나? 우짠 일로 친구도 델꼬 왔노? 감자 쪄 놓은 거 묵고 놀 그라. 할매 퍼뜩 댕기 오꾸마."

"어디 가는데?"

"반어동 간다 아이가. 그기서 니 애비도 같이 보기로 켔다."

하마터면 눈물이 왈칵 쏟아질 뻔 했다.

반어동이라면 외할머니 댁이 있는 곳이었다. 할머니는 뒤돌아보며 어서 들어가라는 손짓을 했다. 우리는 할머니 모습이 보이지 않을 때까지 서 있었다. 가을바람이 은행나무를 흔들고 지나갔다. 은행잎들이 비처럼 우수수 떨어졌다. 은행잎들은 노랑나비가 되어 우리 주위를 팔랑거리며 날아다녔다.

가을 햇살이 봄볕처럼 따뜻했다.

꼬마 매니큐어 화가

임관오
oosong88@gmail.com

학교에서 돌아오면 나를 반겨주는 사람은 엄마가 아니다.

옆집 유명미장원 아주머니가 오늘은 대문 앞까지 나와 손을 흔드는 것이 보였다. 급한 일이 있는지 빨리 오라는 시늉을 하며 소리까지 쳤다.

"아야, 빨와야. 니 또 벌 청소 한 겨?"

아주머니는 끄덕이는 내 머리를 쓰다듬었다.

"오늘은 어쨔?"

"손톱 땜 유."

"그러게, 진즉 지우라 안 허냐?"

아주머니는 매니큐어가 지워진 내 손을 아주머니 집 대문 쪽으로 잡아끌었다. 옆집과 우리 집 사이에는 담이 없고 바깥쪽만 담이 있어서 대문이 두 개다. 그래서 어느 쪽으로 들어가든 우리 집이다. 아주머니는 넓은 마루에서 누군가를 기다리고 있는 불룩한 배낭을 집어서 내게 내밀었다.

"이거 혀."

"뭐유? ……, 이건?"

나는 가방을 들여다보고 깜짝 놀랐다. 여러 가지 색의 매니큐어가 가득 들어있었다.

"뭘 그리 놀러. 그리고 싶은 것 있음 실컷 그리라고 주는 거여."

"아줌니, 정말 지 혀도 되유?"

"그려. 나가 니 헌테 왜 거짓말을 해야. 아래께 미장원에 그려 준 그림 값이여."

그동안에도 아주머니는 미장원에서 쓰던 매니큐어를 갖다 주곤 했었다.

"그려도, 이건 넘 많은디……."

"뭐햐? 싸게 안 건너가고. 니 엄니 보면 또 한바탕 할 겨."

"야!"

나는 마당을 가로질러 내방으로 얼른 들어왔다. 갑자기 생긴 횡재가 의심스러워 내 볼을 꼬집어도 보았다. 아픈 걸 보니 분명 꿈은 아니었다. 우리가 이 동네로 이사 온 후 쭉 아주머니는 내게 매니큐어를 대준다.

마을로 이사 오던 날이다. 옆집 아주머니는 마루에 걸터앉아 눈물을 흘리고 있었다.

"엄니, 이 집은 한울타리 두 지붕이여?"

"그려, 전에 살던 사람이 담장 허물고 텃밭을 만들었댜."

이때 누군가 나를 꽉 껴안았다. 그 바람에 손에 들고 있던 책 보따리가 떨어져 책이 마당에 흩어졌다.

"윽! 왜 이래유."

"유명아!"

"아이고, 지, 지는 유명이가 아녀유."

엄마도 놀라서 아주머니를 내게서 떼어놓으려고 하며 소리쳤다.

"이거 놔유. 이 아줌니 미친 거 아녀? 왜 남 아들을 ……."

어찌나 꼭 끌어안았는지 엄마는 아주머니 팔을 쉽게 떼어내지 못했다. 나는 숨이 막혀 계속 기침을 했다.

"얼래, 우리 아들 죽어유."

우리 집을 구경하러 동네 사람들이 웅성거렸다.

"유명네가 말을 했어유."

"기여. 어쩐 일이댜?"

작년 마을 댐 건설 공사장에서 사고로 아들이 죽은 충격으로 말문이 막힌 이후 처음이라고 한다.

"꼭 쟈 만 했지유?"

"기여……, 쟈를 유명이로 착각한 거유?"

나를 아들로 착각한 것 같다는 소리에 엄마가 말리던 손을 놓았다.

아주머니는 나를 안고 한참 서 있었다. 아주머니의 푹신한 가슴속 깊은 곳에서 쿵쿵 심장 뛰는 소리가 들렸다.

잠시 후 정신이 들었는지 아주머니는 나를 안았던 팔을 풀고 내 얼굴을 요리조리 만지작거렸다. 그리고 내 두 손을 꼭 잡더니 미소를 지었다.

"손톱이 반짝거리니 정말 예뻐야."

엄마는 사내애가 손톱에 매니큐어 칠한다고 질색을 하였다. 물론 매니큐어로 그림을 그리는 것도 싫어한다. 하지만 아주머니는 내 손톱도 매니큐어 그림도 좋아한다. 그런 아주머니를 위해 매니큐어 그림을 그려주곤 했다. 이제 아주머니 집은 온통 내 그림으로 가득하다. 심지어 아주머니가 운영하는 미장원에도 내 그림이 있다.

덕분에 학교에서 돌아오면 항상 아주머니가 준비해 놓은 간식거리가 나를 기다리고 있었다. 이제 아주머니가 엄마처럼 익숙해졌다.

"기운아, 뭐 하는디 대답도 안 혀?"

엄마가 방문을 벌컥 열고 들어와 귀까지 먹먹해지도록 등을 세게 때렸다. 무릎 위에 올려놓고 매니큐어 그림으로 치장을 하던 돌멩이가 방바닥에 떨어졌다. 돌멩이에서 아직 마르지 않은 매니큐어가 방바닥에 묻으며 그림이 망가졌다.

"쓸데없는 짓 허지 말고, 공부를 허든 농사일을 돕든 허라고 안 혔냐?"

"아! 왜 때려유!"

아픈 거보다는 망가진 그림 때문에 나는 더 화가 났다.

"뭘 잘했다고 말대답이여? 글고 어? 이 많은 매니큐어는 어서 난 거여?"

"누, 누가 줬슈."

말을 더듬거리자 엄마는 얼굴이 벌게지면서 미간을 찌푸렸다.

"이거 혹시? 유명네여?"

그리고는 방바닥에 흩어져있던 매니큐어와 돌멩이들을 마당으로 내던지기 시작했다. 그림을 그려 잘 말려놓은 돌멩이까지 마당에서 뒹굴었다.

"엄니, 그만 혀유."

울먹이며 소리쳤지만, 소용이 없었다. 돌멩이 하나가 수돗가 옆에 엎어놓은 빈 항아리에 튀었다.

쨍그랑!

"뭐가 깨지는 소리여? 기운 엄니, 뭔일 났슈?"

"아줌니가 참견할 일이 아녀유. 맨날 매니큐어 화가니 뭐니 하며 애를 부추기는 것도 모자라 애한테 이 많은 매니큐어까지 줘유?"

어느새 올라온 핏줄 때문에 엄마 목은 울퉁불퉁하고 시퍼렇게 변해 있었다.

"매니큐어로 그림 그리는 것이 어때서 그려. 요즘은 뭐든 잘하면 먹고산다던디."

"왜 아줌니는 남 아 일에 맨날 참견여유."

"참견이 아니라……."

엄마는 끝내 아주머니가 준 배낭까지 모두 마당으로 내던졌다.

"몽땅 갖다버려. 글지 않으면 들어올 생각은 절대 말구."

나는 맨발로 마당으로 뛰어나가 흩어진 매니큐어를 배낭에 주워담았다. 그리고 신발을 두 손에 든 채 가방을 메고 집을 뛰쳐나왔다. 어딜 가느냐고 소리치는 엄마의 목소리와 아주머니의 목소리가 멀리까지 따라왔다.

어느새 나는 초등학교 2학년 때부터 단짝이었던 은님이네 집 앞에 서 있었다. 급하게 이민 가느라 팔지 못해 비어있는 집에 가끔 몰래 들어가곤 했었다. 우체통에 넣어 두고 쓰던 은님이 열쇠가 그대로 있었기 때문이다.

현관을 들어서니 혼자 거실을 지키고 있던 빨간 소파가 내게 말을 걸어오는 것 같았다.

'기운아, 무슨 놀이 할까?'

"상상놀이 해야."

집안을 돌아다니며 은님이와 함께 했었던 놀이었다.

"그랴, 인제부터 여는 반딧불 숲이여."

소파와 놀아주며 거실 벽에 반딧불들을 그렸다. 어느새 텅 비었던 거실에는 반딧불이 가득했다.

안방 문을 열었다.

'기운아, 여긴 바다야. 조개를 찾아봐. 모래 속에 엄청나게 많이 숨어 있어.'

들릴 듯 말 듯 안방도 내게 속삭였다. 방안 구석구석에 숨은 조개를 찾기 놀이를 하며 놀았다. 어느새 안방에는 조개가 가득했다.

화장실에서 물을 내리니, 뒷산 쌍 폭포처럼 우렁찬 물소리를 냈다. 나는 집안을 돌아다니며 한참을 놀았다. 조개껍데기, 돌멩이, 모래알들이 여기저기서 반짝였다.

어느새 어두워져 매니큐어로 그림 조각들만 어슴푸레 반짝였다.

집에 가져가야 푸대접받을 매니큐어가 든 배낭을 주방 싱크대 속에 숨겼다.

집에 돌아가는 내내 아카시아 잎을 한 장씩 떼어내며 엄마의 화가 풀렸는지 점을 치며 걸었다.

"엄니 화가 풀렸다, 안 풀렸다, 풀렸다 ……."

'안 풀렸다'로 끝날 때마다 숨겨둔 매니큐어를 생각하면 기분이 좋아졌다.

집에 도착했는데, 마침 대문이 열려있어서 신발을 벗어들고 살

금살금 들어갔다. 방문을 열려고 하는 순간 엄마의 목소리가 귀신같이 나를 불러 세웠다.

"황기운! 밥시간에는 들어와야 할 것 아녀. 너 땜시 여직것 상이 벌려있잖여."

"알았어유."

'황기운'이라고 부르는 것을 보니 화가 아직 안 풀린 것이 틀림없다. 나는 엄마 기분을 살피며 아무 일 없었다는 듯 밥을 후다닥 먹었다.

다음날부터 나는 학교를 마치면 빈집으로 갔다. 은님이는 없었지만 대신 매니큐어가 나를 기다려주었다. 은님이네는 차츰 매니큐어 그림으로 채워졌다.

6월 초부터 시작된 장마가 한 달이나 계속되어 논밭은 이미 물에 잠겼다. 폭우로 다리가 끊기고 산사태까지 일어나, 일주일째 학교에도 못 간다.

"안녕하세유."

"기운아, 너는 학교도 못 가는데 어딜 그리 부지런히 가능 겨?"

"암 데도 안 가유."

"쟈는 지 엄니는 안 돕고 만날 으디를 쏘댕긴데유?"

"글게유. 암튼 쟈도 지정신은 아녀유. 매니큐어로 그림 그린다고 사방 군데 처발르고."

등 뒤에서 마을 사람들이 수근 거리는 소리가 빗줄기 사이로 파고들었다. 점점 거세지는 비바람을 뚫고 나는 은님이네로 달렸다.

은님이네 집에서 얼마나 시간이 지났는지 모른다. 갑자기 웅성거리는 목소리가 들렸다.

"매니큐어 화가! 니가 그렸냐?"

유명 미장원 아주머니였다. 그리고 숨 돌릴 틈도 없이 어디선가 나타난 엄마가 내 손을 끌어당기며 소리쳤다.

"농사일은 안 돕고 맨날 싸돌아다니더니 남 집에다 무슨 짓을 한 거여?"

"자, 잘, 잘못했슈. 빈집이라서……."

"우리 집은 물바다가 되었구먼, 넌 태평하게 그림이나 그리고 있었던 거여?"

엄마 손이 내 뒤통수를 무섭게 내리쳤고, 다음번 손을 피해 몸을 움츠렸다. 동네 아이들과 노는 시간에 놀지 않고 그림을 그리는 건데 뭐가 잘못인지, 옆집 아주머니는 내 그림을 좋아하는데 왜 엄마는 내 그림을 싫어하는지 모르겠다. 이때 마을 어르신이 움츠러든 나를 막아서며 엄마를 말렸다.

"매니큐어로 장난질이나 하는 줄 알았든 만 꽤 볼만해야. 내버려두소."

"허지만……."

주춤하며 집안을 둘러본 엄마도 놀란 표정을 지었다.

옆집 아주머니도 나서며 한마디 더 거들었다.

"기운아, 지금 마을에 큰일 났어. 제방 둑이 뚫려 대청마루까지 물이 들었어야."

"그랬구만유. 지는 몰르고 그냥 여서 놀고 있었슈"

마을이 물바다가 되어, 제일 높은 곳인 은님이네 빈집으로 모두 대피를 온 것이었다. 또다시 내리치는 엄마의 손을 이번에는 옆집 아주머니가 낚아챘다.

“근디, 기운 엄니 들고 있는 것이 뭐시여? 그림 아녀?”

“아, 이거. 어째 이게 손에……. 급해서 아무거나 가져온 것이 이거구먼.”

엄마는 내가 매니큐어로 그린 가족그림을 들고 있었다.

“그려?”

아주머니는 믿기지 않는다는 표정으로 고개를 살살 흔들었다. 그림을 구경하느라 어수선한 사이 캄캄해졌다. 오랫동안 비어있어 전기도 끊겨있었다. 이때, 누군가 준비해온 촛불을 켜고 말했다.

“여기 좀 보소. 촛불이 비친 게 반딧불이 반짝이는 것 같어유.”

“여도유.”

사람들이 하나 둘 촛불을 더 켜자 거실은 반딧불 숲으로 변하고 있었다. 이때 누군가.

“쉿! 반딧불은 시끄러운 것을 싫어해유.”

일제히 사람들은 조용히 하라는 소리가 나는 쪽으로 고개를 돌렸다.

“기운 엄니 아녀?”

사람들은 약속이나 한 듯 합창을 하더니 마주 보며 웃기 시작했다. 엄마도 같이 웃었다.

그날 반딧불 숲에서 사람들은 걱정도 잊은 채 밤새 정겹게 옛이야기를 나누었다. 나도 엄마 무릎에서 엄마 어렸을 때 이야기를 들으며 잠이 들었다.

우리 집에 날아온 꾀꼬리

조계향
ricegimchi@hanmail.net

"아르르르르!! 푸푸푸푸푸!"

이게 무슨 소리냐고요? 바로 우리 엄마가 열심히 노래 연습하는 소리랍니다.

"아유, 귀 아파. 그렇게 연습한다고 뭐 음치가 어디 가나!"

아빠의 핀잔은 오히려 엄마의 의지만 더 북돋을 뿐입니다.

"두고 봐요. 나도 할 수 있다는 것을 보여주고 말 거라구욧!"

괜히 아빠의 말 한마디에 나와 동생의 귀만 더 괴로워집니다.

"엄마, 침도 막 튀고. 노래연습이 뭐 이래? 꼭 애기들 투레질하는 것 같잖아."

"이건 발성연습이야. 선생님이 그러시는데 노래 잘하려면 이렇게 발성연습을 기본적으로 꾸준히 해야 한대. 나이 들어 그런지 혀도 잘 안 굴려지네."

엄마는 이제 손날로 어깨와 맞닿은 목 부분을 사정없이 팍팍 칩니다.

"목은 왜 그렇게 쳐요?"

갈수록 엄마가 하는 행동이 이상해서 물었더니 엄마의 대답은 이렇습니다.

"여기 어깨하고 목 붙은 이 부분 있지? 여기를 이렇게 자주 쳐주고 만져주면 낮은음의 목소리가 잘 나온다지 뭐냐."

나와 동생은 학교 숙제를 하고 있는데 시끄럽다며 엄마한테 퉁을 주었습니다.

사실 구민문화센터에 많은 강좌가 있는데도 엄마는 여태껏 관심이 별로 없었어요. 그런데 작년에 새로 개설된 성악교실은 기다렸다는 듯이 신청했습니다.

"그동안 그렇게 배우고 싶었어도 못했는데, 이렇게 싼 수강료로 독일유학파 대학교수님한테 나 같은 사람이 레슨을 다 받다니."

넝쿨째 굴러들어온 호박이라도 되는 양 엄마는 좋아했습니다.

엄마가 이렇게 노래 연습에 열을 올리게 된 것은 다 이유가 있습니다.

작년 1학년 때였어요.

선생님이 우리 학교 '연신의 밤' 축제 참가 신청서를 나눠주었습니다. '연신의 밤'은 매년 가을마다 열리는 우리 학교 축제입니다. 지역주민과 함께하는 어울마당이지요. 선생님이 나눠 준 것은 이 축제의 하이라이트인 '가족 노래자랑'에 대한 신청서였습니다.

"엄마, 이번 가족 노래자랑 1등 상에 상품이 접이식 자전거래요."

난 엄마 아빠한테 학교 가을 축제 안내문을 보여주며 말했습니다.

"와, 나. 보조바퀴 없는 자전거 타고 싶었는데. 형, 우리가 1등 하면 자전거 타는 거야?"

동생은 신이 난 표정으로 말했습니다.

그런데 아빠가 곤란하다는 듯 정색을 하며 말했습니다.

"그거 부를 노래 정해야지, 연습해야지, 골치 아파. 그냥 구경이나 하자."

"아빠, 아빠는 어려워도 뭐든 해보는 도전 정신이 있어야 한다고 만날 그랬잖아요."

아빠는 말문이 막히는지 잠시 헛기침을 했습니다. 그러자 엄마가 말했습니다.

"엄마도 나가고야 싶지. 그렇지만 나간다고 1등 하란 법은 없잖냐?"

엄마 말이 끝나기가 무섭게 아빠가 한마디 했습니다.

"맞는 말씀. 괜히 무대 앞에 나가 공개적으로 망신당할 일 있어?"

"아니, 여보 지금 나한테 하는 말이죠?"

엄마는 아빠 말에 발끈했습니다.

"그건 당신이 더 잘 알 텐데, 당신이 음치만 아니래도 좀 좋아? 나도 우리 가족이 그런 무대에 한 번 서보면 왜 안 좋겠냐고."

"그런 말 말아요. 노래 실력보다 가족의 화합이나 장기를 살려 노래와 함께 보여줄 수 있으면 된대요. 여기 심사기준이 그렇다고 나와 있잖아요."

엄마는 공지 안내문을 아빠 코앞에 들이밀며 말했습니다.

엄마가 음치라니 처음 듣는 얘기에 나는 깜짝 놀랐습니다.

"형, 음치가 뭐야?"

동생은 눈치 없이 분위기 파악도 못 하고 나한테 묻습니다. 난 조용히 하라고 입에 손을 대며 신호를 보냈습니다. 엄마는 씩씩거리며 아빠랑 눈도 마주치지 않았습니다.

그러고 보니 엄마가 여러 사람 앞에서 노래를 부르는 것을 거의 들어 본 적이 없던 것 같기도 합니다. 또 어쩌다 흥얼거리는 엄마의 노래가 어딘지 모르게 이상하기도 했던 것 같습니다. '이 노래가 그 노래였나?' 하고 말입니다. 하지만 엄마가 노래를 잘한다고 생각한 적은 없었지만 그렇다고 음치라고 생각해본 적도 없었어요. 엄마는 노래 듣는 것도 아주 좋아하고 또 우리한테도 명곡이라며 음악을 자주 들려주었거든요. 게다가 아빠도 이번처럼 '가족 노래자랑'에 나가니 어쩌니 하는 것과 맞닥뜨리기 전까지는 엄마가 음치라는 말을 한 번도 꺼낸 적이 없었습니다.

그러나 아빠 말을 듣고 '친구들 앞에서 망신이라도 당했으면 어쩔 뻔했을까' 하고 큰일 날 뻔했다는 생각을 했습니다. 당연히 가족노래자랑에 나가는 것은 없던 일이 되었습니다.

엄마가 성악교실에 나간 지 벌써 일 년이 다 되어 갑니다.

여전히 엄마는 발성연습을 하는 것은 물론, 수업 때 배운 노래를 온종일 부릅니다. 이번엔 '눈'이란 노래와 독일 노래 '이히리배디히'라는 노래입니다. '너를 사랑해'라는 제목을 가진 독일 노래라고 하는데 발음은 한글로 써서 외워 부릅니다.

"내 노래를 들어주는 이는 초롱이 너뿐이구나."

엄마는 노래 부를 때면 앞에 앉아 눈을 지그시 감고 있는 우리 집 고양이 초롱이를 쓰다듬어주면서 말합니다. 그러면 아빠는 꼭 이렇게 핀잔을 줍니다.

"밥 주고 똥 치워주는 사람을 아는 거지. 다 저도 먹고 살라고 그러는 거야."

내가 보기에 아빠는 엄마를 놀려먹는 게 재미있나 봅니다.

"말 한 마디에 천 냥 빚 갚는대요. 그렇게 콕콕 아픈 곳을 찔러야 좋아요? 내가 당신 입에서 그 말이 쏙 들어가게 해주고 말테니까, 두고 봐요!"

그리고 얼마 동안 밥상에는 밥하고 김치, 그리고 달걀프라이만 올라왔습니다. 엄마가 아빠의 말에 얼마나 화가 나고 섭섭했는지는 밥상이 확실하게 말해주었습니다.

며칠 후 엄마 아빠는 부부동반으로 동창모임에 간다며 함께 나갔습니다. 엄마는 오랜만에 외출이라며 아주 기분이 좋아 보였습니다. 그런데 돌아와서는 언성을 높여 싸웠습니다.

"당신, 여러 사람 있는데서 날 그렇게 망신 주기예요?"

"내가 무슨 망신을 줬다고 그래?"

나와 동생은 잔뜩 화가 난 엄마와 아빠 표정을 보고 불안해서 물었습니다.

"엄마 뭣 때문에 그래요?"

"뒤풀이 시간에 우리가 노래 부를 차례가 됐는데 글쎄."

엄마가 말하는데 아빠가 중간에 끼어들었습니다.

"엄마가 음치인데 거기서 노래 부르면 웃음거리만 되잖아."

"아예 나를 음치라고 광고하러 다니슈."

아빠는 엄마가 음치여서 애들 학교 축제 때 가족 노래자랑에도 못나간다는 둥 그런 처지에 여기서 노래를 부르겠냐는 둥 하면서 엄마를 면박 줬다는 겁니다.

"아빠, 엄마가 다니는 성악교실에서요. 음치 교정도 한대요."

내 말에 동생도 거들었습니다.

"엄마가 얼마나 열심히 연습하시는데요. 아빠 너무 그러지

마세요."

그러자 엄마가 울먹울먹하며 아빠한테 말했습니다.

"나도 우리 애들하고 같이 가족노래 자랑 얼마나 나가고 싶은지 아세요? 내가 음치라 그러지를 못해서 아픈 내 마음을 당신이 아냐고요? 흑흑."

엄마 말을 듣고 나는 가슴이 덜컹했습니다. 그동안 엄마가 집에서 노래 연습할 때 시끄럽다고 투덜댄 것이 마음에 걸렸던 것입니다. 엄마 때문에 노래자랑 나가서 창피당하면 안 된다고 생각할 줄만 알았지 엄마의 마음은 하나도 몰라준 것 같아 정말 미안했습니다.

"엄마, 울지 마. 이젠 엄마가 노래 연습하는 거 도와줄게요."

엄마가 울자 아빠도 당황하며 말했습니다.

"여, 연습도 그렇게 많이 했다니 이번 가을 민석이 학교 축제 때 나가면 되겠구만."

엄마가 눈물을 훔치며 큰 소리로 말했습니다.

"안 그래도 그럴 참이었다고요!"

"그, 그런데 정말로 가족노래자랑 신청하려고?"

아빠는 엄마가 정말로 신청하면 어떡하나 하는 불안한 느낌이 역력했습니다. 아무래도 엄마를 달래려고 그냥 해 본 말이었나 봅니다.

하지만 그 말이 있고 나서 엄마는 지금까지 연습한 것은 그야말로 연습에 불과했다는 듯 본격적으로 시간표를 짜고 맹훈련에 들어갔습니다.

엄마의 노래 연습하는 소리를 듣다 잠이 드는 날이 많아진 어느 날이었습니다.

노란 꾀꼬리 한 마리가 우리 집 베란다 열린 창으로 날아 들어왔습니다. 그리고는 노래를 부르고 있는 엄마 주위를 한 바퀴 빙 돌더니 엄마의 어깨위에 내려앉는 꿈을 꾸었습니다. 신기하게도 그 꿈을 꾼 이후 엄마의 노랫소리가 다른 어떤 사람의 노래보다도 아름답게 들렸습니다.

난 어떻게 엄마를 도울 수 있을까 생각하다가 엄마가 부른 노래를 직접 들어보면서 연습하면 좋을 것 같았습니다. 그래서 엄마가 부른 노래를 MP3에 녹음하는 일을 맡고 같이 듣기로 했습니다.

"왠지 엄마는 목에 힘이 많이 들어 가 있는 것 같아요."

"그래. 난 선천적인 음치는 아니래. 발성이 좀 잘 못 되었을 뿐이라고 선생님이 그러더라."

"어떻게 해야 고칠 수 있대요?"

"목이나 턱밑 근육에 너무 힘을 주지 말고 배에 힘을 줘야 한 대. 근데 습관이 돼서 그런지 연습을 해도 잘 안 되네."

"아, 엄마 아령 들고 노래하는 건 어때요? 그러면 배에 힘주기가 잘 될 거예요. 아빠랑 아령 들고 운동할 때 배에 힘이 많이 들어가던걸요."

내 말을 듣고 있던 동생이 말했습니다.

"엄마, 내 거 들고 하세요. 내 건 가벼워서 엄마가 들기 쉬울 거예요."

엄마는 웃으면서 그러겠다고 했습니다.

하루는 성악교실에 다녀 온 엄마가 함박웃음을 지으며 말했어요.

"글쎄 내가 이제 성대에서 소리가 바르게 나오고 있다는구나. 이제 음치에서 벗어날 조짐이 보인다고 그러시더라."

선생님이 음치는 빠른 시간에 고쳐지는 것이 흔한 일이 아닌데 엄마가 열심히 그리고 꾸준히 노력한 덕분인 것 같다고 그랬대요.

그 말을 듣고 나와 동생은 손뼉을 치며 좋아했습니다.

드디어 우리 학교 가을 축제가 다가왔습니다. 나는 엄마 아빠에게 학교에서 가져온 연신축제노래자랑 참가 신청서를 내밀었습니다.

"무슨 노래를 부를까?"

우리 가족은 이런 저런 얘기 끝에 '네 잎 클로버'로 부르자고 의견을 모았습니다.

그리고 엄마는 이날만을 기다렸다는 듯이 비장한 표정으로 진지하게 신청서에 사인했습니다. 아빠는 엄마의 그런 모습을 보고 예전처럼 놀리거나 농담을 하지는 않았습니다.

이제 가을 축제가 앞으로 열흘 남았습니다. 그동안 엄마는 오로지 '네 잎 클로버' 한 가지만 줄기차게 연습했습니다. 물론 나와 동생, 아빠도 틈날 때마다 엄마랑 같이 불렀습니다.

"엄마, 우리 율동은 안 해?"

유치원에서 율동이 있는 노래를 많이 불러서인지 동생이 말했습니다.

"좋은 생각인데. 율동을 좀 넣어볼까? 피아노 반주도 막내 이모한테 부탁하고."

우리는 율동할 때 손에 들고 할 네잎 클로버를 초록색 색지로 네 개 만들었습니다.

"당신, '랄랄라 네 잎' 할 때 이 클로버를 들고 앞으로 나가면서 무릎을 살짝 굽혀야 한다고 몇 번이나 말했어요?"

아빠는 율동을 하는 것을 좀 멋쩍어 해서인지 자꾸 틀렸습니다.

"아빠가 제일 마지막 마무리로 하는 건데 그렇게 성의 없이 하면 안 된다고요."

"그래. 아빠가 일하고 와서 피곤해서 그렇지. 이렇게 쉬운 걸 못할 리 있냐?"

아빠는 실수해 놓고 꼭 이렇게 변명을 합니다.

그러자 엄마가 싱긋 웃으며 말했습니다.

"어쨌거나 한 자리에 가족이 모이기도 어려운데 가족 노래자랑 대회가 이렇게 집에서 서로 마음도 맞추고 함께 할 수 있는 시간을 만들어주네요. 그것만으로 됐죠."

그때 내가 엄지손가락을 치켜들며 엄마에게 말했어요.

"엄마, 엄마는 이제 꾀꼬리야. 꾀꼬리! 일등은 문제없다고요."

그러자 동생도 질세라 한마디 했습니다.

"맞아요. 엄마가 노래 부를 때마다 진짜 꾀꼬리 소리가 난다니까."

그 말에 엄마는 기분이 좋은지 소리 내어 웃습니다.

"자, 그만 쉬고 다시 연습 할까? 율동 순서 잊지 말고 하나, 둘, 셋, 넷."

우리는 다시 노래를 부르기 시작했습니다. 온 집안에 노랫소리가 울려 퍼졌습니다.

편집후기

아이들이 행복하고, 그 아이들이 자라 어른이 되어서도 행복한 세상, 동화를 쓰는 내가 꿈꾸는 세상입니다. 이미 철이 들어버린 나이에, 동심과 문학성을 버무리는 일은 좀처럼 쉬운 작업이 아니겠지요. 아동분과 문우님들, 소중한 원고 감사드립니다. 조금은 철이 덜 들어야 유리한(?) 이 길 위에서 오랫동안 함께하고 싶습니다. **-신양진**

푸른 숲으로 가는 길목, 이맘때쯤엔 어디를 가도 좋으리라. 먹고사는 일 만큼이나 애처로운 마음속의 색깔들을 글이라는 매개체를 통해서 표현하는 우리들이 또 하나의 추억을 잉태하는 날. 물들고 어우러져 바람의 생애를 읽듯이 서로가 서로를 소상히 알아내는 매 순간 순간이 축제이기를 바래본다. **-이상복**

유난히 더웠던 봄날, 더 멋진 글을 위해 오롯이 여러 날을 보내고 소중한 글들이 모여 동인지를 발행하게 되었습니다. 더 큰 책임감과 성취감을 느끼게 되며 한 걸음 성장하는 계기를 맞습니다. 더운 봄날 문우님들 모두 애 쓰셨고 건필을 빕니다. **-김창희**

코펜하겐의 강물은 가뭇하게 사라지는 내 기억 같았다. 나에게만 들려오는 소리, 비록 음산한 것이더라도 내 마음속에 울리는 웃음소리가 문득 떠올랐다. 떠도는 마음을 가지고 있을 때 나는 행복하다. 그 길에 9집 동인지 '담쟁이 연주법'이 함께했다. **–강미애**

세상이 있고 바람이 있고 흔들리는 나무에도 다 이유가 있겠다. 그 흔들림의 픽션을 담는 이들의 그릇도 향기도 다르다. 이제는 그 향기를 찾는 이들의 몫으로 내놓는다. **–전이영**